英语翻译教学的理论与实践应用研究

余胜映 著

延边大学出版社

图书在版编目（CIP）数据

英语翻译教学的理论与实践应用研究 / 余胜映著. -- 延吉：延边大学出版社，2022.7
ISBN 978-7-230-03570-5

Ⅰ．①英… Ⅱ．①余… Ⅲ．①英语－翻译－教学研究－高等学校 Ⅳ．①H315.9

中国版本图书馆CIP数据核字（2022）第137615号

英语翻译教学的理论与实践应用研究

著　　者：余胜映
责任编辑：刘晓敏
封面设计：品集图文
出版发行：延边大学出版社
社　　址：吉林省延吉市公园路977号　　邮　编：133002
网　　址：http://www.ydcbs.com
E-mail：ydcbs@ydcbs.com
电　　话：0433-2732435　　传　真：0433-2732434
发行电话：0433-2733056　　传　真：0433-2732442
印　　刷：北京宝莲鸿图科技有限公司
开　　本：787 mm×1092 mm　1/16
印　　张：9.5　　　　　　　　　　字　数：200千字
版　　次：2022年7月 第1版
印　　次：2022年9月 第1次印刷
ISBN 978-7-230-03570-5

定　　价：68.00元

前　言

翻译是大学英语教学中不可或缺的一门课程，不管是课堂教学还是日常交流，翻译似乎无处不在。在当今这个快速发展的全球化新时代，翻译教学更是面临着新的挑战。

鉴于此，笔者撰写了本书。本书针对大学英语翻译中出现的问题，尝试总结出大学英语翻译理论与教学工作的创新路径，为探索和引导大学英语翻译工作提供了正确的途径和方法，对进一步加强大学英语翻译教学研究具有重要的理论和现实意义。

本书共有五章：第一章论述了英语翻译的基础理论；第二章从多元化视角对英语翻译的理论与实践进行了研究；第三章阐述了英语翻译的应用；第四章对大学英语翻译教学的创新模式进行了系统的研究；第五章论述了多媒体视角下大学英语翻译教学。

本书有两大特点值得一提：

第一，本书结构严谨，逻辑性强，以大学英语翻译工作的研究为主线，对当代大学英语翻译理论与实践工作所涉及的领域进行了探索。

第二，本书理论与实践紧密结合，对大学英语翻译工作提供了提升路径和方法，以便学生加深对基本理论的理解。

笔者在撰写本书的过程中，借鉴了许多前人的研究成果，在此表示衷心的感谢！

由于大学英语翻译工作涉及的范围比较广，需要探索的层面比较深，笔者在撰写的过程中难免会存在一定的不足，对一些相关问题的研究不透彻，提出的大学英语翻译工作的提升路径也有一定的局限性，恳请各位前辈、同行以及广大读者斧正。

目 录

第一章 英语翻译概述 ··· 1
第一节 当代英语翻译教学现状 ··· 1
第二节 英语翻译教学的理念与目标 ····································· 7
第三节 英语翻译教学的模式与原则 ··································· 11
第四节 英语翻译的主要方法 ··· 14
第五节 英语翻译的文化因素 ··· 16
第六节 中西文化差异与英语翻译 ····································· 18
第七节 功能翻译理论下的英语翻译 ··································· 21
第八节 功能对等视域下的英语翻译 ··································· 24
第九节 目的论视角下的英语翻译 ····································· 27
第十节 英语翻译中的直译 ··· 31

第二章 英语翻译的理论与实践研究 ·· 35
第一节 英语翻译实践中的母语负迁移 ································· 35
第二节 英语翻译专业实践教学模式 ··································· 37
第三节 科技英语翻译理论和实践的关系 ······························· 39
第四节 英语习语的翻译和实践研究 ··································· 43
第五节 新时代审计英语的要求与翻译实践 ····························· 46
第六节 典籍翻译理论与英语教学实践 ································· 50
第七节 文化建构与英语翻译实践 ····································· 54

第三章 英语翻译的应用 ·· 56
第一节 交际翻译理论在商务英语翻译中的应用 ························· 56
第二节 翻译策略在大学英语四级段落翻译中的应用 ····················· 59
第三节 翻译文化传播中的互文翻译观及其应用 ························· 61
第四节 商务英语中虚拟语气的翻译及应用 ····························· 64
第五节 暗喻在英语广告及翻译中的应用 ······························· 68

第六节　英汉对比在大学英语写作和翻译教学中的应用 …………………… 72
  第七节　大学英语翻译教学中语境理论的应用 …………………………… 77
  第八节　建构主义理论在大学英语翻译教学中的应用 …………………… 79
  第九节　微课在大学英语翻译教学中的应用 ……………………………… 82
  第十节　翻转课堂在大学英语翻译教学中的应用 ………………………… 86
  第十一节　讲理式教学法在英语翻译实践中的应用 ……………………… 91

第四章　大学英语翻译教学的创新模式 ………………………………………… 93
  第一节　数字化时代英语翻译教学新模式 ………………………………… 93
  第二节　"交互式"英语翻译教学模式建构 ……………………………… 95
  第三节　"互联网+"环境下的大学英语翻译教学模式 ………………… 97
  第四节　合作学习理论下的大学英语翻译教学模式 ……………………… 101
  第五节　基于语料库的大学英语翻译教学模式 …………………………… 105
  第六节　基于认知语言学的英语翻译教学模式 …………………………… 107
  第七节　基于双语平行语料库的商务英语翻译教学模式 ………………… 110
  第八节　多模态理论下的大学英语翻译教学模式 ………………………… 115

第五章　多媒体视角下大学英语翻译教学 …………………………………… 120
  第一节　多媒体环境下大学英语翻译课堂教学 …………………………… 120
  第二节　网络环境下大学英语翻译"零课时"教学 ……………………… 122
  第三节　大学英语翻译教学中的 CAI 应用及其保障机制 ………………… 126
  第四节　多媒体环境下高校英语翻译专业语法课程建设 ………………… 130
  第五节　多媒体网络平台下的英语本科翻译教学 ………………………… 135
  第六节　基于语料库和多媒体计算机技术的中医翻译教学 ……………… 139

参考文献 ………………………………………………………………………… 144

第一章 英语翻译概述

第一节 当代英语翻译教学现状

当代英语翻译教学的现状并不乐观,存在诸多的问题,下面我们就对这些问题进行简要的分析。

一、教学大纲存在的问题

虽然翻译十分重要,但翻译教学在英语教学中并没有引起足够的重视。首先,《高等学校英语专业英语教学大纲》作为大学英语教学的纲领性文件,对翻译教学并没有给予充分的重视。1999年版的《高等学校英语专业英语教学大纲》在教学目的中提及了培养学生的翻译能力,但其重点仍然是培养学生具有较强的阅读能力和一定的听、说、读、写、译的能力。2004年版《大学英语课程教学要求(试行)》的教学目标集中在培养学生的英语综合应用能力,特别是听、说方面。因此,可以看出,翻译教学在大学英语教学中并没有受到重视。其次,大学英语一直是一门基础课程,高校大都开设精读、泛读和视听说课程。然而翻译教学一直备受冷落,处于可有可无的地位。1996年的四级考试中首次出现英译汉题型后,直到2002年的12次考试中,翻译题只出现了两次,对大学英语翻译教学的指导作用不大。2004年的《全国大学英语四、六级考试改革方案(试行)》将翻译列入考试项目,由改革前的英译汉变为汉译英,在试卷的综合测试部分与篇章问答中轮流出现,试题分值占试卷总分的5%。在举国瞩目的四级考试中,翻译终于有了一席之地,但所占分值却微乎其微。

二、学生在翻译实践中存在的问题

翻译能力是语言综合运用能力之一,从目前一些公认的测试中可以看出,目前学生的翻译能力存在很多问题,主要表现在以下方面:

(一)"喋喋不休"

有很多学生在翻译过程中过于频繁地使用"的"字。一见到形容词,就会机械地翻译为"……的"。例如:

It serves little purpose to have continued public discussion of that issue.

原译:继续公开讨论那个问题是不会有什么益处的。

改译:继续公开讨论那个问题没有益处。

The record has been considered soft ever since it was set last June.

原译:自从去年六月份创造了这个纪录以来,人们一直认为它是很容易被打破的。

改译:人们一直认为去年六月创造的纪录很容易打破。

The decision to stop attacking was not taken lightly.

原译:停止进攻的决定不是轻易做出的。

改译:停止进攻的决定经过了深思熟虑。

(二)不善于增减词量

不善于添加或减少词也是翻译过程中常见的错误。学生在翻译过程中通常是英文原文中有几个词,其译文就有几个词,不善于根据汉语译文的需要改变词量,这种译文常出现错误甚至过于累赘。例如:

Women screamed, and kids howled, but the men stood silent, watching, interested in the outcome.

原译:女人尖叫,小孩欢闹,男人们静静地站着看着,对结果感兴趣。

改译:只听到女人们在尖叫,小孩们在欢闹,男人们则静静地立在那儿袖手旁观,饶有兴味地等着看结果。

Her grace was a delight.

原译:她的优雅是一种快乐。

改译：她的优美风度，令人欣悦。

（三）方言、俚语使用严重

我国多地都使用方言，所以在翻译的过程中也常有方言、俚语出现，这些方言、俚语的出现有时会使人觉得十分别扭。例如：

But, Papa, I just can not swallow it, not even with honey.

原译：可是，爹，我受不了，就是拌了蜜也咽不下呀。

改译：可是，爸，我受不了，就是拌了蜜我也受不了啊。

The children lived in terror of their stepfather, who had borne down on them so often and so hard that there was little left.

原译：孩子们对他们的继父怕得要死，继父经常整他们而且整得很重，简直把他们整瘪了。

改译：孩子们对他们的继父怕得要死，因为继父时不时就狠狠地教训他们一顿，他们已经无力应对了。

所以，我们在翻译时要尽量使用普通话，至于英语原文的古今雅俗之别，可适当选用一些在今天仍具生命力的文言词语和已经融入普通话并被各方言区读者普遍接受的方言、俚语加以表达，但要格外慎重。

（四）不能正确选择或者引申词义

部分学生不能正确选择词义或者根据上下文引申词义，从而造成译文理解上的障碍，甚至闹出笑话。例如：

He has developed an interesting gardening.

原译：他对园艺发展了兴趣。

改译：他对园艺产生了兴趣。

The aim of this course is to developed the students' writing skill.

原译：这门课的目的是发展学生的写作技巧。

改译：这门课的目的是培养学生的写作技巧。

通过上述例子可以看出，学生在确定词义时，没能根据该词在行文中的搭配、组合关系来判断。英语单词的词义比较灵活，同一个词、同一词类在不同场合往往会有不同含义。在翻译时，必须根据上下文的联系、逻辑关系或句型来判断和确定某个词在特定场合下应具有的词义,甚至还要将词义加以引申。如果脱离上下文,孤立地译一个词,就很难确切表达句子的深层意义。

(五)语序处理不当

汉语的逻辑性很强,其语序通常依据一定的逻辑顺序按照由原因到结果、由假设到推论、由事实到结论以及由条件到结果的次序有先有后、有主有次地逐层叙述。而英语的语序较为灵活,通常开门见山,直奔主题,然后再做解释。在表达多层逻辑思维时,英语常根据句子的意思和结果灵活安排语序。然而学生在翻译时往往拘泥于英语原文的词序,造成句序或者词序的错误。在英汉表达习惯不同的情况下,常出现一些牵强、别扭的译文。例如:

It is simple that they do the same things in different ways.

原译:只不过是不同的人做同样的事以不同的方法。

改译:只不过他们用不同的方式做同样的事情而已。

The doctor is not available because he is handing an emergency.

原译:医生现在没空,因为他在处理急诊。

改译:医生在处理急诊,现在没空。

(六)模式过于固定

英语中被动语态使用较广,学生翻译这种句型时经常译成"……被……",使译文死板生硬。例如:

It is considered of no use learning a theory without practice.

脱离实践学理论被认为毫无用处。

这样翻译虽然没有错误,但是很牵强。由于汉语中被动句的适用范围很狭窄,所以在翻译被动句时,除一些可以保持被动语态外,很多情况下可译成主动句。这句话可改译为:人们认为脱离实践学理论毫无用处。

(七)长句处理不当

长句在英语中经常出现,学生在译这些长句时,往往不善于将长句中的前置词、短语及定语从句等转译成分句,从而在译文中出现我们不习惯的外语式长句。例如:

Think of ways to turn a trying situation into a funny story which will amuse your family and friends.

想办法把令人尴尬的处境变成一件能让你的家人和朋友开心的趣事。

例子中含有定语从句，译文语法虽然没错，但不符合汉语的习惯，当英语定语从句的结构较为复杂时，可以将句中定语部分译成分句。这句可译为：想办法将令人尴尬的处境变成一件引人发笑的趣事，给你的家人和朋友带来一点快乐。

Since hearing her predicament, I have always arranged to meet people where they or I can be reached in case of delay.

听了她的尴尬经历之后，我就总是安排能够联系上的地方与别人会见，以防耽搁的发生。

该句比较长，含有状语从句，译文给人的感觉比较混乱，让人看了之后不太明白。这句话可译为：听她说了那次尴尬的经历之后，每每与人约会，我总是要安排在彼此能够互相联系得上的地方，以免误约。

从平时的学期考试和一些被公认为可以衡量英语学生水平的大型标准化测试来看，学生的实际翻译水平亟待提高。同时，学生在翻译练习中也暴露出了很多不足。

在平时的学习过程中，很多学生并没有对教师布置的翻译练习进行仔细的推敲和揣摩，总是直接在教辅书上对一下答案。即使在做模拟试题时，也跳过翻译部分，或草译一下便急于核对答案。这样的学生寄希望于教师讲解，不愿亲自下功夫实践，惰性强，依赖心理重，于是就产生了盲目焦虑的情绪。

还有一部分学生在认识到自己翻译能力方面的不足之后，非常重视，对平时的翻译学习和操练持认真的态度。但他们却没有找到适合自己的学习方法，有的稀里糊涂地做一大堆练习而不善于及时归纳总结知识要点，还有的随便找一本翻译理论书硬啃条条框框，更不懂得将翻译学习与其他技能的提高联系起来，其结果是感到翻译学习事倍功半，也产生了畏难情绪。

上述两类学生的心理和情绪都不利于翻译知识的学习与翻译能力的提高。

三、教师在教学中存在的问题

翻译是进行有效的口头和书面信息交流的重要技能，翻译教学是英语教学的一个重要组成部分，教学的好坏在很大程度上取决于教师，但教师在翻译教学的过程中存在着诸多问题，影响着翻译教学质量。

（一）教学形式单一

目前的翻译教学，除课文的英译汉外，主要是指导学生做汉译英练习。教师在教学过程中方法及形式单一，常采用如下的步骤：先布置学生做练习；然后批改练习，力求将学生作业中的全部错误挑出，并逐一改正；最后讲评练习，仍以改错为主，针对普遍性的典型错误一一评析。这种教法尽管费时费力，但是效果却不尽人意。

（二）重视程度不够

目前英语教学大纲对翻译能力培养的要求不够具体，翻译在教学过程中的地位和作用没有其他英语技能显著。教师大多采用传统的翻译方法，非常肤浅地比较两种语言之间的异同，只是把翻译当作理解和巩固语言知识的教学手段，注重的是语言形式而非语言内涵，强调的是翻译知识而不是翻译能力。教材中的翻译练习只是被简单地一笔带过，常常只是强调一下翻译材料中重复出现的关键词和句型，对对答案，缺乏系统的翻译训练。对于翻译技巧的讲授缺乏整体的规划，往往有时间就讲，没时间就不讲，随意性很强。

（三）一言堂

大多时候翻译课堂的气氛沉闷，教学效果不好，不符合"以学生为中心"的现代教育理念。这是因为，在课堂上，教师成为主体，一味地在课堂上讲，学生一味地听，却没有发言的机会。所以，英语翻译教学应一改过去以教师为中心和"一言堂"的做法，发动学生同桌互改、小组讨论、集体修改，或者针对某一学生的作业，由全班同学讨论修改。这样的教学方法，可以开阔学生思路，培养学生主动学习、自己发现问题并解决问题的能力，还能活跃课堂气氛，提高教学效果。

针对上述情况，教师要明确翻译教学是英语整体教学中的一个必不可少的组成部分。同时要确立把翻译作为语言基本技能来教的指导思想，把翻译知识和技巧的传授融入精读课文的教学中，有意识地培养学生的翻译能力，从而促进学生其他能力的提高。

第二节 英语翻译教学的理念与目标

一、英语翻译教学的理念

英语翻译教学的目的是使学生掌握必要的翻译知识，初步习得翻译技能，其理念大致包含以下几点：

（一）翻译教学的先导

翻译课程的先导是翻译理论，理论的意义在于它对课程的指导作用，就目前的理论而言，不仅学派众多，而且理论繁杂。如果把不同学派的理论观点和相关内容全都搬进翻译理论中，不仅使人感到空泛，而且不具备条理性和科学性。很多翻译理论都是传统理论，多来自宗教和文学，相对来说缺乏实用性。据有关数据统计，大部分的翻译理论只适用于文学翻译，而超过90%的实用翻译则在理论层面很少谈到。这种理论与实践上的不平衡使得很多人觉得翻译理论没有实用价值。

相比而言，翻译功能目的论是比较切合实用翻译的。该理论认为：决定翻译过程的不是原本本身或原本对接受者产生的影响或反映，亦非作者赋予原本的功能（等值或等效论如此认为），而是译本的预期目的与功能。实用文体翻译一般都有现实的甚至功利的目的。这种目的在很大程度上受翻译委托人、译本接受者及其文化背景和情境的制约。目的和功能是实用文体翻译的依据和依归，而功能目的论的理论核心也在于目的和功能两相印证，理论和实践很好地结合。实际上，学校开设翻译课就是为了让学生在实际中能够运用，而在实践中也能够看到，学生选择这门课很大程度上就是为了在相关考试中得高分或为今后实际工作考虑。所以，运用翻译的功能目的论指导翻译教学有利于调动学生学习的创造性和积极性。

（二）翻译教学的基础

语言的对比是翻译教学的基础，大家在学英语的过程中都有这样的体会：一旦脱离说英语的环境，我们总是本能地说汉语。这一点对初学者来说更加明显。然而当我们有了一定的词汇量时，我们就会愿意说英语，但是在这个过程中，我们会把中英文进行比较，也就是说，当有些短语不知该怎么翻译时，我们就会用中文的思维方式去翻译。比如，20世纪30年代有人把"the Milky Way"硬译成"牛奶路"，已成为翻译史上的趣谈。又比如，学生把"他的英语水平比我高"译成"The level of his English is higher than me"，这种汉化的英语就是不了解英汉两种语言形式上的差异，生搬硬套造成的结果。在两种语言的转换过程中，译文是对比或比附的产物。翻译课的目的是把不自觉的错误对比转化为有指导的对比，从而深入认识两种不同语言之间的异同。

语言对比的重点在于各有不同以及异中有同这两个方面。各有不同之处很多，重要的如词序的不同、信息重心安排的不同和连接方式的不同等。然而异中也有同，在英语和汉语中均有介词，有时它们的用法也是相同的。但是汉语介词多数从动词变化而来，有的到现在还难以确定它是动词还是介词；而英语的动词和介词截然不同。由于这一区别，英语介词在汉语中往往要用动词来翻译。例如：to go by bus，坐公交车去；a girl in white，穿白衣服的女孩。诚然，异也不是绝对的异。通过大量的同中有异、异中有同的对比，可克服母语干扰，从而达到正确理解和通顺表达的目的。

（三）翻译教学的主干

翻译技巧是翻译教学的主干。掌握翻译理论和语言对比的规律只是从科学的角度帮助译者了解翻译的实质与原则，开启正确的、完善的翻译思路，而要真正搞好翻译，还需要勤学苦练、潜心实践，另外还要注意翻译的方法，讲究翻译技巧。翻译课是以传授和继承前人已经总结出来的宝贵经验为主要内容的，这些经验包括理解和表达两个方面，并反映在翻译的方法与技巧上。例如，从句子形态上看，汉语由于修饰语、定语在前，结构重心经常提前，而英语句子的结构重心经常放在句末，把较长、较复杂的成分放在后面，因此翻译上常需调整词序。

（四）翻译教学的手段

翻译教学是以分析、综合为手段的。在翻译中会发现，对于同一个句子可以有多种翻译，语法结构都没有错误，可是肯定会有一个是最佳的。要想翻译得精准，不仅要求译者头脑通达、清晰、锐利，还要有深厚的文字功底。这样翻译出来的句子或文章才会思路完整透彻，语言简洁、清新、优美。

在翻译的过程中，我们要充分运用综合与分析两种手段，既从总体及其系统要素关系上，连点成线，集线成面，集面成体，又对各个层面进行动态或静态的分析观察，透过现象从本质上去观察事物的本来面目。在表达过程中，同样有分析与综合两个方面，分析是手段，综合是目的。

（五）翻译教学的载体

课堂教学是翻译教学的载体，教师通过课堂教学可尽量详解教材，并对知识、技能、过程、方法与感情、态度以及价值观进行相应的引导。课堂教学应努力贯彻以实践为主、以学生为主的原则，大致可包括教师讲解、范文赏析、译文对比、学生练习和练习讲评五个环节。

1.教师讲解

在课堂上，教师讲解的重点是以英汉语言对比为基础的译例分析，并提示技巧，把学生对翻译的感性认识上升到理性认识。

2.范文赏析

选择一些语言优美且容易的名人名译，既有赏心悦目之效，又有借鉴临摹之功。

3.译文对比

选择同一原文的两三种不同的译文，让学生比较揣摩。可比较译文的优劣，也可比较不同的译风，择优而从，见劣而弃。

4.学生练习

练习包括课前复习、课内提问及课后作业，它贯穿于整个教学过程，也是翻译教学中的重要环节。

5.练习讲评

练习讲评多从两种语言特点的对比和分析着眼，从翻译思维中的一些具体问题着手，不就事论事地纠缠于细枝末节。

以上的五个环节中，除了讲解主要由教师承担外，在其他四个环节中，讨论是组织教学的重要形式。讨论本身有不同形式：可以教师引导、学生讨论，也可以教师提问、学生作答，或者师生一起讨论等。讨论可进一步发挥学生学习的主动性，使教师与学生、学生与学生相互沟通，最终提升翻译教学的整体效果。

二、英语翻译教学的目标

英语翻译教学的目标主要归纳为以下三点：

（一）使学生了解翻译的基本概念、性质、形式和认知过程

在学习的初级和中级阶段，教师要帮助学生了解翻译的一些基本知识，如翻译的基本概念、翻译的主要性质、翻译的各种形式、翻译的重要作用、翻译的主要标准、翻译的基本原则、笔译与口译的种种差别、笔译和口译的基本技巧以及不同语言之间信息转换的过程等。尤其要使学生了解语言知识与语言认知之间的紧密关系，了解对于翻译而言语言认知的重要性。同时，这些知识的传授要贯穿于教学的各个环节，需要教师与学生的积极互动，也需要学生的积极参与。

（二）培养学生的双语思维能力，使其掌握基本翻译技巧与方法

我国学生一直生长在汉语的环境中，因此习惯用汉语思维来思考问题，但翻译要求翻译者同时用英语和汉语的思维来考虑问题，因此英语翻译教学要培养学生双语转换思维的能力，这也就成了翻译教学的重要目标之一。此外，要想顺利进行翻译，还离不开一定的翻译技巧和方法，英语翻译教学的另一重要目标就是使学生掌握尽量多的翻译技巧和方法。

（三）提高学生的双语表达能力

除了培养学生的翻译技能外，提高学生的双语理解力和表达能力也是十分重要的。因为翻译涉及的是双语交际的活动，交际活动中使用的语言含义丰富，这就需要在翻译前后进行充分的准备，也就是不断丰富学生的视野和知识储备，增强学生的理解力。

第三节 英语翻译教学的模式与原则

一、英语翻译教学的模式

在这里我们着重介绍两种英语翻译教学的模式,一种是以学生为中心的教学模式,另一种是多媒体教学模式。

（一）以学生为中心的教学模式

现代教育观认为,学习的过程是学生主动接受刺激、积极参与意义构建的思维过程,学生是教学服务的对象,教学过程应以学生为中心组织教学,充分发挥学生的积极性和创造性,同时也不能忽视教师的引导作用。这就强调了以学生为中心的教学模式的重要性。

以学生为中心的教学模式呈现出显著的教学特点,主要表现为以下几点：
（1）教学的主要目的是培养学生独立的翻译能力。
（2）教学的重点发生了转移,以教师为中心转向了以学生为中心。
（3）注重学生学习的积极性和主动性。
（4）强调翻译的过程。
（5）关注学生信心的树立,要求教师对学生的作业持积极、宽容的态度。

针对学习的认知过程来讲,只有学生主动地参与到学习过程当中,才能快速、高效地完成学习任务。在学习的过程当中,学生的主观态度、意识和情感等因素对学生翻译能力有着重要的影响。所以,在这一模式具体实施的过程当中,教师应善于观察和分析学生的心理特点,并根据学生的特点来适当调整教学,为学生营造一个轻松愉悦的学习氛围,充分调动学生的积极性,激发学生学习的兴趣,使学生勇于发表自己的观点。同时,这一教学模式要求教师结合学生的兴趣、需要、特长以及弱势来组织课堂讨论,以培养学生乐于交流的性格,激发学生的创造性思维,还要求教师对学生的译文持宽容、积极的态度,积极评价学生的优秀译文,帮助学生树立自信。因此,无论是在课堂还是在课外实践中,教师都应将学生置于教学的主体地位,并依据学生的实际情况开展和组织教学。

(二)多媒体教学模式

传统教学手段的局限性和落后性使得现在越来越多的学校和教师开始在课堂教学中运用多媒体这一新的教学手段。在具体的教学过程中,这一教学模式可分以下步骤进行:

(1)在课堂上,教师为学生讲解与语篇相关的知识,帮助学生理解语篇内容,了解语篇的背景知识和语境。这些内容以多媒体手段呈现,可使学生更快地进入学习情境当中,对讲解的基本知识有一个深刻的了解。

(2)让学生复述、概括背景知识,教师做必要的补充和纠正,以帮助学生掌握所需了解的内容。

(3)让学生阅读原文,然后独立思考,并着手进行翻译,同时教师帮助学生解决遇到的难题,并在全班讲解。

(4)学生以电子邮件或其他形式提交书面作业。之后教师对学生进行分组,小组内部展示作业,相互交流并发表对译文的不同看法。小组选出一名组员将小组的意见综合起来。教师可参与讨论,并对学生的活动和译文做出评价。

从上文不难看出,首先,多媒体教学形式改变了传统翻译教学的模式,学生不再是被动的接受者,而是积极的参与者。其次,通过多媒体技术,学生可以更容易、更轻松地体会英汉文体的不同风格,领悟英汉语言之间的差异。再次,多媒体含有丰富的教学资源,为教师和学生提供了大量的信息,同时也为教师和学生带来了信息交流的机会。最后,多媒体这种新颖的教学形式调动了学生参与的积极性,激发了学生的自主性。

二、英语翻译教学的原则

提高学生的翻译能力、培养学生的交际能力是翻译教学的最终目的。而英语翻译教学的原则始终贯穿其中,指导和促进着翻译教学的进行。因此,英语翻译教学应遵循五个方面的原则：交际原则、认知原则、文化原则、系统原则和情感原则。

（一）交际原则

交际是语言的重要功能之一，也是英语学习的最终目的。英语交际能力主要包括准确接收信息的能力和准确发出信息的能力。而对于翻译教学以及翻译能力的培养而言，交际能力还包含准确转换信息的能力。交际理论认为，语言是表达意义的体系，其主要功能是交际功能，语言的结构反映其功能和交际用途，语言不仅仅包括它的语法和结构特征，还包括反映话语中的功能和交际意义的范畴。所以，在英语翻译教学的过程当中，教师应始终遵循这一原则，在该原则的基础上培养学生的翻译技巧和能力。

（二）认知原则

学生通常会在自己原有知识的基础上来学习和接受新的知识，同时也会依据自己的认知特点以及自己原有的思维方式采取不同于其他人的学习方法和策略。所以，在翻译教学过程当中，教师应遵循认知原则，充分考虑学生的不同特点，并针对学生的特点设计出能够激发学生兴趣、调动学生积极性的活动模式，引发学生积极思考，培养学生自己的学习方法和策略，发展学生的翻译技能，使学生实现有效交际。

（三）文化原则

外语学习本身就是一种跨文化交际活动，翻译学习更是如此，它要求学生必须了解不同语言国家的政治体制、经济模式、思维习惯、生活方式、风土人情和表达习惯等。所以，在翻译教学中，教师要时刻谨记这一原则，并将学生置于跨文化交际的语境之下，重点培养学生跨文化信息转换的能力，使学生切实感受到只顾语言的对应、不考虑不同国家之间的文化差异是难以达到交际目的的。

（四）系统原则

语言是一个庞大而完整的系统，其内部的各个成分和要素之间都是密切联系的，并且有规律可循。翻译教学亦是如此，它是一个繁杂的系统工程，有着自身的规律和方法。因此，在翻译教学过程当中，教师应遵从系统的原则，根据翻译的本质、翻译教学的基本规律以及学生和社会的需求，制定系统而科学的教学大纲，以培养学生的翻译技能，增强学生的英语能力，提高翻译教学的效率。

（五）情感原则

除遵循上述原则外，在英语翻译教学过程当中还应遵循情感原则，因为在翻译的学习当中，学生的学习动机、学习态度、学习兴趣及学生自身的性格都会影响学生的学习效果。所以，教师应不断引导和调控学生的学习态度以及学生的个人情感。

第四节　英语翻译的主要方法

在英语翻译中，翻译方法的掌握尤为重要。本节我们主要介绍一些常见的翻译方法。

一、图式方法

图式实际上是一些知识的片段，它以相对独立的形式保存在人的大脑中，对言语的理解其实就是激活大脑中相应知识片段的过程。人从生下来就在同外部世界接触的过程中认识周围的事物、情景和人，同时在头脑中形成不同的认知模式。围绕不同事物和情景的认知模式形成了有序的知识系统。图式是人的头脑中关于外部世界知识的组织形式，是人们认识和理解周围事物的基础。在面对新的信息时，我们的大脑如果没有形成类似的图式，就会对理解产生负面的影响。因此，将"图式"引入翻译教学有重要意义，这样可以成功地激发学生头脑中与文本相关的图式，使学生对原文有一个正确的理解。

在翻译时，教师可以为学生提供一些需要激活图式才能正确理解的语言材料，然后要求学生根据这些材料进行翻译。同时，教师要帮助学生记忆语言的形式和功能，帮助学生调动相关的图式，同时修正和充实对事物的认知图式。

二、推理方法

推理是从已知的或假设的事实中引出结论，它可以作为一个相对独立的思维活动出现，经常参与许多其他的认知活动。这里的推理并非译者凭借想象所做出的随意行为，而是体现了文本结构的内在特征。翻译时，译者往往会根据已有的知识经验做出一系列推理。这些推理为译者提供了额外的信息，使其把文本中的相关内容联系起来，从而充分理解文本内容。因此，在翻译教学过程中，教师要有意识地给学生介绍一些常用的推理技巧，如利用逻辑词进行推理、根据作者的暗示进行推理以及根据上下文进行推理等，以培养学生的推理能力。

三、语境方法

语境即言语环境，既指言语的宏观环境，又指言语的微观环境。宏观语境是指话题、场合、对象等，它能使意义固定化、确切化。微观语境是指词的含义搭配和语义组合，它能使意义定位在特定的义项上。在翻译的过程中，这两种言语环境都要考虑到，因为只有将两种语境结合起来才能确定话语的含义。同时，译者不仅要依据自己的语言知识获取句子的意义，还要根据原文语境中的各类信息进行推理和思辨，获取原文作者想要表达的深层意图，进而确定相应的译文，准确地表达原文的意思。

语境在翻译中起着至关重要的作用，翻译中的理解和表达都是在具体的语境中进行的，词语的选择、语义的理解及篇章结构的确定都离不开语境，可以说语境是正确翻译的基础。因此，在具体的教学过程中，教师要引导学生在理解原文的同时紧扣语境，反复推敲，以达到准确、传神地传达原文意义的目的。

四、猜词方法

所谓概念能力是指在理解原文的过程中将语言文字的零星信息升华为概念的能力，是将原文材料的感知输入转化为最佳理解的全部过程。学生的概念能力在翻译中起重要作用。一个学生在词汇贫乏时，对词句与段落难以形成概念；在对原文的关键词的含义不甚理解的情况下，就会得不到文字信息的反馈，从而陷入对内容的胡乱猜测。所以要指导学生使用猜词方法。

翻译中的猜词方法包含以下几种：

（1）根据词的构成猜测生词词义。这是比较常用的一种方法，它要求学生掌握一定的构词法知识，特别是词根、前缀、后缀的意义。

（2）利用信号词。所谓信号词就是指在上下文中起着纽带作用的词语。这些词语对猜测生词词义有时能起到很大的作用。

（3）根据意义上的联系猜测词义。句子的词语或上下文之间在意义上常常有一定的联系，根据这种联系可以猜测词义。

（4）结合实例猜测生词词义。有时，在下文中给出的例子是对上文中提到的事物的解释，可以结合例子中的常用词猜测所要证明的事物中的生词词义，反之，也可以猜测例子中的生词含义。

（5）通过换用词语推测生词词义。文本中常会使用不同的词语表达同一种意思，存在难易词语交换使用的现象，据此可猜测生词词义。

第五节　英语翻译的文化因素

没有一种语言是单独产生的，语言是在多种文化因素的相互作用以及综合作用下形成的。英语也是在一定地域、一定文化空间内逐步成长并在现实生活中起作用的。英语翻译是建立在不同文化之间的沟通与交流基础上的，是文化交流的一种方式与途径，所以，英语翻译从客观上来说，担当着沟通不同文化之间差异的角色。一篇英语翻译的质量与水平如何，决定着文化沟通的程度。在全球化视野之下，语言翻译更多地承担着一种文化沟通与交流的功能，只有从语言学的视角来真正认识英语翻译的文化功能，才能对英语翻译有深刻的、根本的理解。同时，英语翻译作为不同文化之间交流的一种方式，需要把相关的文化因素考量进来，只有真正地把文化因素融入英语翻译的过程中来，才能保证英语翻译的质量与水平，也才能实现英语翻译的最终目的。

一、英语翻译的实质是两种文化的沟通

语言的最终目的是为现实生活中的人提供服务。表达人的思想、想法以及对事物的看法是语言的基本功能。从这个意义上来说，语言又具有一定的独立性。这是因为大多数语言是为了满足相应地域人们的生产与生活需要而产生的。以英语为例，英语作为一种产生在英语国家的语言，其产生的目的便是满足英语国家人们的需要，促进英语国家人们的生产与生活。

从来没有一种或者两种语言是在同一文化背景下产生的。英语翻译实质上就是两种不同文化沟通的结果。首先，英语翻译的产生正是源于文化背景的不同。人作为一种社会性动物，对于现实世界的好奇心从来不会减弱，并会随着对世界认识的加深而逐步加深。英语作为一种产生在不同文化背景下的语言，承载着英语国家人们的生活理念、生活方式以及生活状态。这种基于文化背景的不同所产生的差异，需要通过英语翻译来实现文化互补。其次，英语翻译实质上就是人们文化交流的过程。人们之间需要文化交流，更加需要在文化交流的过程中，达成对世界的真实认知。从哲学上来说，人们的理性并不是无限的，而是仅仅限于眼前的事物。也就是说，对眼前事物的认识实际上就是人们的理性所能达到的最高程度。一方面，人们需要认识现实世界，以指导生活行为，另一方面，人们又缺乏一定的工具来认识世界。这些在客观上使得人们认识世界的方式或者方法具有一定的局限性。所以，人们之间的文化交流与沟通实质上就成为一种必然行为。而人们之间的文化交流实际上就是英语翻译的出发点与落脚点。

二、对英语进行语境化翻译本质上就是一种文化翻译

谈论语言的运用总离不开对语境的解读。毋庸置疑，语言总是在特定的语言环境中产生并在这样的语言环境中获得生命力的。英语翻译的主要要求之一就是切实考虑英语语句在特定语言环境中的具体含义。不同的语言环境需要不同的语言表达形式，甚至在同一语言环境中，也会具有多种语言表达形式。在英语翻译过程中，要特别注意语言环境对英语翻译的影响，这也是准确进行文化交流与沟通的必然要求。

对英语进行语境化翻译，必须注重以下几点：第一，把英语原文置于其所表达的

特定语言环境中。把英语语言还原到特定的语言环境中来,是理解英语语言的一种主要方式,也是最大限度地还原英语真实含义的最为迫切的方法。第二,对英语进行语境化翻译实际上就是一种文化翻译。不同的语言在不同的语言环境中具有不同的表达方式,这对于英语与汉语来说都是如此。对英语进行语境化翻译,实际上就是使英语文化得以具体体现,也是使读者能够理解英语语言的一种真实方法。高度重视语境化的英语翻译,就是高度重视英语翻译的质量。

第六节 中西文化差异与英语翻译

英语是目前世界上通用的语言之一,而汉语是使用人数最多的语言,这两种语言在整个世界范围内的影响力不容小觑。二者的文化基础不同,分别体现着各自的历史传统和民族文化。中国学生在汉语学习的过程中,虽然很多因素与文化背景之间关系密切,但不会影响学生对文章的理解。但是在英语学习的过程中,即使学生知道所有词汇的含义,有的时候也很难将其真实含义准确无误地表达出来。造成这一现象的主要原因就是文化差异。某种语言形成的时候,会与一定的历史背景和地理条件等因素相结合,因此在学习语言的时候,也需要充分结合相应的文化背景,由此可以说,文化与语言是密不可分的。一种语言实际上属于一种特定的文化。人们生活在特定的文化体系中,这种文化会在潜意识中支配人们的行为活动。不同的文化体现出不同的文化形态、文化个性以及民族性。若在语言层面上反映这种文化形态的不同,就是语言差异。由此可以得出,中西方之间的文化差异必然会对翻译造成影响。因此,为了消除这些差异,在翻译的过程中就需要加强对相关文化的了解,如人情风俗、历史背景及社会经济背景等。通过这种方式,掌握两者之间的联系,提高翻译质量。

一、中西方文化存在的差异对英语翻译的影响

对于我国和西方国家来说,无论是历史、文化,还是人们的生活习惯、思维方式

等，其差异都较为明显，因此必然会在一定程度上影响英语翻译的效果。总的来说，英语翻译的文化差异主要表现在意识形态、历史、风俗习惯与地域等方面。

（一）在意识形态方面存在的差异

一些英语单词具有特定的含义和象征意义，这在一定程度上体现了中西方文化的差异性。比如"dragon"表示"龙"，在我国国人的思维中，龙主要是一种精神元素，象征着"高贵、吉祥、神圣"；而对于西方国家的人们来说，龙仅仅表示一种动物，象征着"凶残、魔鬼、怪物"。由此可以看出，中西方文化下的"龙"的含义存在着本质的区别。所以在翻译的过程中应该尽量不使用这一类词汇，以免造成误解。意识形态方面的差异必然会导致人们在理解方面有所不同。在英语翻译的过程中也肯定会存在一定的偏差，甚至导致原文与译文之间出现较大偏差，因此在英语翻译的过程中需要多加注意，以免造成理解上的困难。

（二）在历史文化方面存在的差异

民族战争、民族同化、民族征服以及民族迁徙等因素都会对人类的历史文化产生重要影响，同时语言发展进程也会受到一定程度的影响。例如"All roads lead to Rome." "Rome was not built in a day." "Do in Rome as the Romans."等都表示特定的含义，是在特定的历史环境下形成的。如果在翻译过程中不了解这段历史文化背景的话，就会产生偏差。每一个国家和民族的发展历史都不尽相同，这就会大大增加翻译的难度。历史文化是对各种历史典故的充分展现，表现出鲜明的民族色彩和历史个性。比如对"项庄舞剑，意在沛公"进行翻译时，如果仅仅只翻译表面含义的话，就不能将该短语的内涵体现出来；反之，如果对这段历史文化了解的话，就能够将其翻译成"to have an axe to grind"。

（三）在风俗习惯方面存在的差异

在翻译过程中，能够将某一地区人们的生活方式、生活习惯等充分展现出来，需要受到多方面因素的影响，如文学、艺术、宗教、经济及政治等。所以在不同的社会环境下，就会形成独特的用语习惯。比如"all at sea"一词，从字面意思来看的话可以翻译成"都在海上"，但是结合英语国家人们的用语习惯，该词则表示为"茫然，不知所措"。因此在翻译的过程中,需要充分考虑到词汇中的联想意义、情感意义、风格意义以及内涵意义等多个方面。

(四)在地域文化方面存在的差异

地域文化指的是在不同的地理环境中逐渐形成的一种文化,体现出特定地区的人们对某一事件的表达方式和态度。比如"东风"一词,在汉语词义中具有"草长莺飞""温暖和煦"的意思,但是在西方文化中则具有"砭人肌骨"的寓意,如"biting east winds",与汉语"古道西风瘦马"中的"西风"一词较为相近;而在西方国家文献中,则是用"温暖""和煦"等词汇来形容"西风"。导致这一差异出现的原因主要就是中西方地域文化上的不同,我国的地理位置是东临大海,因此东风更加舒适;而西方国家是西临大海,自然西风更加温暖宜人。

二、消除文化差异影响的有效措施

中西方文化之间的差异是客观存在的,为了避免在翻译过程中出现差错,就需要采取相关的措施加以避免。

(一)附加注释

针对一些具有特定含义的词汇,在翻译的过程中可以直接附加注释,这样不仅能够完成翻译,而且词汇的含义也能够完整地诠释出来。比如"东施效颦",如果直接翻译的话,一方面不能表达出该词的独特内涵,另一方面也会增加读者的理解难度,因此在翻译的过程中可以通过注释来解释"东施"的身份,以便读者理解。

(二)在译文中增词达意

在翻译过程中,有时为了将原文文化色彩完整地保留下来,通常会采用直译的手法。但是这样会加大读者的理解难度,因此可以在直译的基础上适当地应用解释性的词汇,帮助读者更好地理解。

（三）替换词汇

在英语翻译的过程中，考虑到不同文化间的差异，并不是直接用概念意义相似的词汇或短语来表达文化意义相似的词汇或短语，而是用文化意义中相似的词语进行替换，这样既保留了原文中的含义，又符合读者的阅读习惯。比如"不分青红皂白"，就可以将其中的"青白"省略，将其翻译成"unable to distinguish black from white"。又如"as thin as a shadow"短语，其字面意思可以解释为"瘦得像影子"，但在汉语中并不存在这种表达方式，存在理解差异，因此在翻译的过程中就可以用"瘦得像猴子"来替换，这与读者的思维方式更加接近，进而充分表达出短语的含义。

（四）意译

有些词汇文化内涵浓厚，如果仅仅只是直译的话，很难将其中的文化意义准确传达出来；如果用其他词汇替换的话，又可能会出现理解偏差，在这种情况下就可以使用意译法。意译法实际上就是用与原文较为相近的词汇或短语来表达具有浓厚文化含义的词汇或短语。比如"革命思想"这一词汇就可以翻译成"red ideas"，这采用的就是意译的方式，其中的"red"可表示进步、革命之意，搭配"ideas"就能够很好地表示出"革命思想"这一含义。

总的来说，虽然汉语和英语在表达方式上存在着较多相似或相同的地方，但是在实际应用的过程中还是具有一定差异的，从而造成困惑和误解，增加读者的理解难度。因此，在英语翻译的过程中，需站在文化、民族的层面去理解，进而更好地理解原文中的含义，减少译文与原文之间的差异性，满足人们的阅读需求，加强文化交流。

第七节 功能翻译理论下的英语翻译

功能翻译讲求翻译由原作者、翻译人员与读者共同构建一个整体，着力保证原著与读者的互动，更好地传递原作者的意图，达到对主客体条件的充分考量，更好地发挥翻译技巧的价值，从而提高翻译的有效性。

本节在解析功能翻译理论的基础上,研究功能翻译的技巧,展示功能翻译的价值,从而提高功能翻译的有效性。

一、功能翻译的理论内涵与价值

(一)功能翻译

功能翻译注重满足读者需要,强调读者与原著之间进行有效的交流,是在长期实践与积累中形成的一种兼具实用性和可操作性的翻译方法。功能翻译强调对原著的充分理解,注重使读者在译文中感受原文的精华。

(二)主要价值

功能翻译有效地消除了传统的逐字、逐句翻译的弊端,提高了翻译的效率,有助于读者把握原著的内涵。翻译工作可以更好地协调各种条件与因素,从而实现有效翻译。

二、功能翻译视角下的翻译原则

(一)明确目标

功能翻译是一项有目的的工作,即在翻译的过程中要满足读者对原文的期待;在有效统筹中西方语境差异的基础上,更好地让读者接受原文;译文力求通俗易懂。功能翻译从根本上摒弃了逐字、逐句的翻译方式,强调结合特定的语法与句法结构进行翻译,翻译行为不仅要尊重原著,而且要更多地为读者服务,这样才能实现翻译的价值,并且达到翻译的目标。在翻译的过程中应当充分考虑读者的文化水平、生活背景以及对作品的期待。只有充分考虑读者的情况,才能恰当地决定使用哪种翻译方法,从而提高翻译的有效性。

(二)忠实于原著

功能翻译理论强调翻译应忠实于原著,且能够在中西方文化融合的背景下更好地保证原著的意境。基于原著的英语翻译一方面全面考虑了中西方文化的不同，另一方面要求翻译者对中西方文化有深入的了解，能根据作品的实际情况进行灵活的切换，从而实现原文与译文的有效配合。功能翻译注重从读者的需要出发，要求在翻译的过程中把握好语境，让读者更清晰地了解原著的主题思想。忠诚于原著的翻译还要求适当地运用修辞方法，在运用修辞时体现原著的情感色彩，有效地描述原著的情节，让读者在阅读中体会作品的深刻内涵。

（三）实用有效

实用性是功能翻译理论遵循的一个基本原则。功能翻译讲求实用性，主张在翻译的过程中达到原文与译文的一致，并且保证翻译的连贯性，且不仅要尊重原著的创作者，也要尊重译文的接受者。

三、功能翻译视角下的翻译方法

（一）口译方法

基于功能翻译理论的英语翻译技巧强调在翻译的过程中尊重作品的文化与语境，强调知晓作品中的所有词汇的意思，注重根据语境进行适当推理。口语翻译强调即时性，注重达成体现前瞻性的翻译目标，要求在翻译时根据具体的语境进行翻译，从而达到语义与文化思想的结合。功能理论视角下的翻译不强调还原双方的原话，而是要求在准确理解原著意思的基础上进行有效表达，从而发挥语言为有效交际服务的功能。

（二）意译方法

意译方法主要指的是在翻译时不能只从作品的字面意思出发，还要注重中西方文化的差异。因此，翻译人员应当熟悉中西方文化的不同，能够利用一些特殊的语境进行翻译。意译时还要对词语的顺序进行合理的改动，注重适当地增加和删减词汇，这样更有助于对原文的含义进行充分的表达。例如："他离家非常远，什么都靠自己。"可以翻译为："他孤身一人而且无亲无故。"这样能够准确地体现文本词汇的深刻含义。为了达到意译的目标，还要根据原文合理地使用有效的修辞方法，注重根据内容与形式掌握一定的翻译技巧，发挥修辞与句型结构的辅助价值，真正做到在意译的基础上表达情感，全面体现翻译的生动性。

（三）灵活翻译

功能翻译注重翻译的实用性。基于原文的功能翻译应当对原文的结构布局有一定的把握，在贴近原文的基础上，使读者更加准确地接受信息。因此翻译者在翻译时还要对原文的内容、语言习惯、描写方式等进行整理，有效地消除翻译的碎片化问题，注重翻译时的层次性，从而在综合性的翻译中更好地展示作品的精髓。

此外，提高功能翻译的有效性，还要明确翻译技巧，创新翻译方法，优化选择语言素材，并在忠实原文的基础上，实现对翻译作品的创新，达到高质量翻译的目标。

第八节　功能对等视域下的英语翻译

在全球一体化发展趋势逐渐加剧的今天，英语作为一种重要的国际通用语言，在国家政治、经济、文化、教育等的发展进程中发挥着越来越重要的作用。因此，英语教育、英语人才培养、英语翻译等逐渐成为社会广泛热议的话题。本节从英语翻译的角度，就功能对等视域下的英语翻译策略展开了深入的研究与探讨。在对功能对等相关理念内涵以及其在英语翻译中的具体应用策略进行详细探究的基础上，分析了功能对等视域下的英语翻译技巧与翻译策略。希望本研究能够进一步促进功能对等理论在英语翻译中作用的发挥。

随着国际化程度的加强，人际交流与国际之间的信息互动不断增多，英语翻译对国际交流的作用也越来越明显。功能对等理论是英语翻译的一个重要理论指导，能够提高英语翻译的质量，加强人们的活动与交流。同时，按照功能对等理论进行英语翻译能够保证翻译信息的统一性，确保翻译工作的顺利进行。在这种情况下，需要加强对功能对等理论的研究，加快探索功能对等视域下的英语翻译，以保障高质量的翻译和信息交流的完整性。

一、相关概念概述

（一）功能对等理论内涵

功能对等理论重视对翻译过程中特殊现象的分析和处理，不会在翻译过程中单一注重文字外在内涵和文字的表象特征，而是在文字基础上对英语和汉语的关系进行研究，进而优化翻译效果，使翻译更加完整。功能对等理论将英语语言形式与汉语语言形式相结合，形成了多样化与灵活的翻译体系。

（二）功能对等对英语翻译的作用

英语翻译的主要目的是实现双方的信息交流。随着人们信息交流的增多，各行业对英语翻译的要求也越来越高，英语翻译必须确保翻译的专业性和精确性。而功能对等理论能够加强翻译人员对翻译领域的了解，使其掌握英语翻译的技巧，进而增强翻译准确性，提高翻译效率，加强互动交流。因此，功能对等理论能够实现对英语翻译的指导和促进作用，有利于翻译工作的有序开展。

（三）功能对等理论在英语翻译中的应用

词语翻译需要遵循一定的翻译原则。具体来讲，英语翻译的专业性较强，需要加强对词语与专业术语的全面了解，避免翻译失误对活动交流的阻碍。同时，语句的翻译要根据功能对等理论实现所翻译的句子与原句之间的对等。根据翻译的实际情况，如果直译能够准确表达原有文本的含义，翻译者可以采取直译的方法进行翻译。为了实现形式对等和功能对等，翻译人员可以对原有句子的结构进行调整，然后再进行翻译。在功能对等视域下，语篇的翻译必须保证语篇功能的对等，全面掌握语篇的内容，对文中的句子和词语进行整体分析。同时，明确原文风格，在不改变原文风格的情况下进行翻译。

二、功能对等视域下的英语翻译技巧

（一）语言意义对等

语言意义对等是功能对等视域下英语翻译的一项重要目标，因此，翻译人员在英语翻译过程中应积极了解原文的内容，在翻译时使译文能够准确地表达原文的内容和意义，避免信息翻译错误对信息交流的影响。同时，在功能对等视域下，英语翻译应做到语言意义的对等，加强对词汇、词句和语篇的了解，保证词汇意义、词句意义和语篇意义的对等。此外，在涉及不同专业词汇的时候，英语翻译人员应深入了解专业词汇的意义，实现对专业词汇的合理翻译，确保专业术语的意义不变。

（二）语言风格对等

语言风格对等是功能对等视域下英语翻译的重要目标，对英语翻译的有序开展有着巨大的促进作用。因此，英语翻译应重视语言风格的对等。由于英语翻译具有较强的专业性，翻译人员需要充分了解原文的风格特征，且在翻译过程中保留原文的风格特征，对语篇、词语和词汇进行合理翻译。另外，在翻译过程中，翻译人员应做到言简意赅，注重细节，避免因细节疏忽而导致语言风格的改变。

三、功能对等视域下英语翻译的策略

（一）直接翻译

直接翻译是英语翻译中常用的翻译方法，具有直接性和便利性的特点。在翻译过程中，翻译人员应根据翻译内容科学制定翻译策略，确保翻译的针对性，使译文能够准确表达原文的意义。直接翻译能够对一些基础的词汇和句子进行翻译，并保证意义的对等性。直接翻译还能够实现功能、形式的对等，便于人们对译文的理解。因此，翻译人员在功能对等视域下可以使用直接翻译的策略对文章进行翻译，确保译文和原文意义、功能、形式方面的对等。

（二）归化翻译

影响英语翻译的因素众多，主要包括语言本身、语言背景及语言文化等。在翻译过程中如果采用单字翻译的方式会导致语言对等无法实现。在这种情况下，英语翻译人员应在功能对等理论的指导下采取归化翻译策略，加强对原文中心思想的了解，全面掌握原文中的专业术语，把握原文的语言风格。同时，翻译人员应在了解原文主旨的基础上，使译文能够再现原文内容，增强英语翻译的生动性。为此，翻译人员应对词汇、专业术语、句式等进行灵活运用和变通，避免翻译不准确的现象。另外，翻译人员应准确表达专业术语的内容，确保专业术语翻译的精准性，避免专业术语译文与原文不对等的现象。

功能对等理论是英语翻译的重要指导理论，能够促进英语翻译工作的有序进行，对英语翻译工作的开展具有促进作用。因此，我们需要加强对功能对等理论的重视，积极掌握功能对等视域下英语翻译的技巧和方法，并结合实际情况根据功能对等理论采取直接翻译策略和归化翻译策略，加强对英语文化的学习，不断提高翻译人员素质，进而实现英语翻译效率的提升，促进翻译工作的有序开展。

第九节　目的论视角下的英语翻译

翻译不但是一门技术，而且是一门艺术。翻译不仅要求翻译者能够熟练应用各类翻译技巧，还需要翻译者能够在翻译过程中融入翻译艺术。翻译目的论将翻译艺术与翻译技巧放在同等重要的位置全面考虑。本文从受众以及译入语文化两个角度出发，对翻译理论进行阐述，且提供了比较完善的翻译策略。

一、目的论的概述

目的论指的是在翻译时，把翻译的目的放在首要位置，并以此来确定所采用的翻译技巧与翻译过程。在目的论视角下进行翻译时,翻译者必须对其翻译目的予以明确,因为翻译方式以及翻译结果均会随着翻译目的的不同而有所改变。目的论的提出大大转变了以往翻译过程中把翻译的准确性与翻译效果放在首要位置的情况。

二、目的论视角下的英语翻译原则

(一)目的性原则

英语翻译工作和其他工作相类似,具有一定的目的性,而其目的主要在于达到特定的翻译效果。由于中西方文化存在较大的差异,行业不同其英语专业词汇与语法特点也相差甚远。所以在翻译过程中,必须要对受众的文化背景、接受程度及语言习惯进行全面考虑,让受众能够快速进入文本所创设的语言环境中,并能够在最短的时间内了解文章框架与内容。除此之外,还应当根据具体受众来选择相应的翻译技巧。例如,对于商务类和科技类的英语文献,应当一字一句仔细翻译,以确保翻译的完整性;对于日常交际方面的英语,应尽可能运用当地习惯使用的表达方式,防止对英语进行逐字、逐句的翻译,让受众产生生硬的感觉。当前,国际交流越来越密切,越来越多的人可以通过互联网阅读到国外的优秀文化成果,因此,翻译就显得极为重要。只有确保翻译效果良好,才能让文化作品流传得更为久远。

(二)忠诚性原则

英语翻译的忠诚性指的是尽可能采用受众所擅长的语言将原文内容系统、完整地翻译过来。然而,要想有效融合两种文化,且运用同一语言将其完整地表述出来具有较大难度,需要翻译者能够全面掌握两种文化,并且能够熟练运用两种语言间的转换技巧。在英语翻译过程中,要确保翻译内容的一致性与完整性,确保在原有结构不发生改变的前提下完整地将文本呈现给受众。若译文出现严重错误,或是严重改变了原文的意思,那么翻译将毫无意义。所以,忠诚性原则是英语翻译必须遵循的一个主要原则。

（三）连贯性原则

英语翻译的本质是用目的语文字将原文转述给读者。但是语言需要遵循特定的表述技巧，无论是译文还是原文，都有完整的体系，均是由一定的语法以及语言结构衔接而成的。所以，翻译者在翻译过程中要对语言微观结构以及宏观结构进行分析与掌握，重视各个环节以及内部知识结构的衔接，让翻译出来的作品能够与受众的语言习惯相符。

三、目的论视角下的英语翻译策略

（一）了解受众需求，明确翻译目的

在目的论视角下，翻译时首先要明确翻译目的，在此基础上选择最适合的翻译手段与方法，以确保能够与受众需求相符。在翻译英语时，由于翻译活动不同，受众有所差别，这就决定了英语翻译要满足多样化的需求。所以，翻译者在翻译过程中应当合理划分受众，将其分为不同级别与层次，并在翻译过程中根据不同级别与层次的具体情况进行有目的的翻译。

（二）充分尊重译入语的文化

首先，翻译者应当结合具体的翻译目的和文本接受者的特点来进行文本的翻译。如翻译文学文本时，应当侧重于语句的感染力和艺术性；翻译科技文本时，应当侧重语句的逻辑性和科学性，保证文本的科技含量；翻译公文文本时，应当侧重于语句的缜密与精细。总体来说，应根据具体文本来进行有目的的翻译，并且结合目的语情境与受众合理调整翻译方法。其次，应当充分尊重译入语文化。全面理解译入语文化能够帮助翻译者将原文精准地翻译为容易被受众理解、可用于交际的文本。若在翻译过程中出现不尊重译入语文化或是不能准确理解译入语文化的情况，那么所翻译出来的文本就无法达到特定的翻译目的或交际目的。如"three-day weekend"不可直接译为"三天的周末"，而应当对美国文化进行全面了解，认识到在美国，人们将周六、周日以及周一连在一起的假日称为"总统日"。

（三）翻译顺序需严格遵照原文语言风格

为了确保英语翻译后文意不发生改变，我们应在英语语法与句式等方面翻译顺序中严格遵照原文的语言风格。在英语语法翻译顺序上，以被动语态为例，笔者研究发现，要想将英语被动语态这一语法顺序翻译得符合汉语使用习惯，其技巧在于将句子翻译成主动句。如"Since desire and will are damaged by the presence of thoughts that do not accord with desire, he conclude: 'We do attract what we want, but what we are.'"这一英语长句使用了被动语态，要想将其翻译得符合汉语使用习惯，只需将其译成主动句"和欲望不匹配的想法会使我们毁灭，因此他得出一个结论：'我们不能过分地期望更多，最重要的是要做好我们自己。'"通过将其翻译成主动句可以让人明确掌握句意。在英语句式翻译上，以较为常见的长句为例，笔者认为，要想保证良好的翻译质量，其核心在于长句中必须注重主次顺序。这样一来，可以使人们在准确掌握长句的基础上很好地理解原句意思。比如在"However, Allen believed that the unconscious mind generates as the conscious mind, and while we may be able to sustain the illusion of control through the conscious mind alone, in reality we are continually faced with a question: 'Why can nor I make myself do this or achieve that?'"长句翻译中，其关键在于将句子所有主次顺序，即主、谓、宾这三个要素准确找出。

（四）重视专业术语的运用

一般情况下，英语文章类型多样，翻译时难免涉及较多的专业术语，所以在进行英语翻译时，务必要对专业语言进行准确把握，防止出现纰漏。如在进行商务英语翻译时，对"At present the foreign exchange market in New York is very weak while the stock market is very strong."这一句子，可以运用有关专业术语将其译为"当前纽约外汇市场较为疲软，但股市仍旧非常坚挺"。

（五）根据语言风格确定句式翻译顺序

汉语语法和英语语法有着巨大的差别，不但句子结构具有较大差异，而且语序也有所不同。在翻译长句子时，务必对句子顺序的特点进行全面考虑，将主语、谓语、宾语的位置确定下来。在翻译被动语态时，还可合理运用"为""由"等词语把被动语态转变为主动语态，将译文准确地翻译出来，从而提升翻译的合理性与科学性。

（六）严格按照译语文体进行翻译

现阶段我国英语翻译中的文体主要涉及商业、科技、文化艺术以及文学等方面，而结合实践来看，受表达严谨性、语言风格等因素的影响，它们在翻译中有着极大的差异。比如，国际贸易中商务翻译强调的是依据相关规范做到严谨准确；在文化艺术中的电影翻译上，根据影片性质的不同其翻译要求又分为强调原著艺术性和通俗幽默性。例如，在动画电影《狮子王》中"Everything you see exists together in a delicate balance."一句的翻译上，我们需要充分结合电影中辛巴父亲对辛巴讲出这句话时所处的情景，以及狮子作为大草原中王者的背景进行翻译，可译成："世界上所有的生命都在微妙的平衡中生存。"这样不但能够体现出父亲对辛巴的教诲，也为影片后续情节中辛巴具备良好的性格做了铺垫。

目的论视角下的英语翻译有着极为重要的意义，不但能够有效弥补传统翻译中存在的不足，还能够大幅提升英语翻译的准确性与科学性。所以，在进行英语翻译的过程中，翻译者应当明确受众的实际需求，并以此为依据确定翻译目的，从而对翻译过程起指导作用。不仅如此，翻译者还应当充分了解与掌握译入语文化，严格遵循相应的翻译原则，以不断满足受众的阅读需求，提高英语翻译的准确性。

第十节 英语翻译中的直译

本文针对翻译界的一些不同翻译原则及争议，强调了直译在翻译中的重要性，追溯了直译存在的历史背景，探悉了其存在的条件、适用的范围，并列举了大量的实例，充分展示并分析了直译的优点以及使用直译时应注意的方面，同时证明了直译存在的必要性。

翻译是指在语言准确通顺的基础上，把一种语言信息转变成另一种语言信息的活动。按照英语翻译的规则可将翻译分为直译和意译。直译是指在语言条件许可的情况下，在译文中不仅传达原文的内容，还尽可能完整地保留原文的修辞风格及组句形式。在翻译中，我们应把握的原则是：能直译就直译，不能直译再意译。

一、英语直译的历史背景

佛经翻译的主要组织者释道安,由于不懂梵文,翻译时唯恐译文失真,因此,他主张严格地进行字对字、词对词的翻译,也就是直译。当时的佛经《鞞婆沙》就是按此方法翻译而成的。在近现代中国翻译史上,直译是压倒一切的准则。傅斯年、郑振铎都主张直译。鲁迅和周作人的作品《域外小说集》被视为直译的代表。迄今为止,直译仍是人们广为沿用的一种翻译方式。

二、英语直译所适用的范围

原语和译语之间存在着内容和形式一致的可能性,这是直译存在的依据和理由。直译强调译文必须忠实于原文,只有这样,译文才能实现我们翻译界所遵循的原则:"信""达"和"雅"。但直译并不是机械地逐字翻译。它既要求译者全面准确地阐明原作的含义,又不能使译文失真,也不能随意增加或删除原作的思想,同时还要保持原作的风格。有时甚至不能忽视原作的情绪或情感,如喜悦、兴奋、愤怒、窘迫、挖苦或讽刺等都应展现得淋漓尽致。一般来说,如果原文的句型与译文的句法结构较接近、词序相同、句意明了,就可以用直译。例如如下的术语和词汇:dark horse "黑马",software "软件",hardware "硬件",cold war "冷战",to fight to the last man "战斗到最后一个人",to break the record "打破纪录",armed to the teeth "武装到牙齿",等等。

生活中一些术语及句子只能采用直译的方式。这样,译文既忠实于原文,又全面准确地阐明了原文所表达的含义,体现了原文作者所要表达的思想情感,并达到了翻译界所强调的"信""达""雅"的标准,使译者轻松自如地翻译出绝妙完美的内容,这正体现出了适当运用直译的巧妙之处。

三、英语翻译中使用直译的优点及巧妙之处

当然,比起意译来说,直译还有以下许多优点及巧妙之处:

第一,直译需要的技术程度更简单便捷。例如:"Six years ago, we ever met there."

可译成"六年前，我们曾经在那相遇过。"此句的翻译不需要任何技术手段就能表达得非常清楚。第二，它能尽可能地忠实于原文。直译不改变原文的意义、词序及风格，完全忠实于原文，使译文与原文更贴切、达意。例如："Mike, why don't we go and visit the flower show？"可译成："迈克，我们为什么不去看看花展呢？"第三，直译不仅能保持原作的特点，而且可使读者接受原作的文学风格。它能使读者更容易了解原作的思想和风格。例如："Hitler was armed to the teeth, but in a few years, he was completely defeated."可译成"希特勒是武装到牙齿的，可是不过几年，他就被彻底击败了。"此句中，"armed to the teeth"运用直译翻译成"武装到牙齿"，保留了原作的思想风格。第四，直译有助于我们了解西方文化，同时也有助于传播我们的民族文化，使西方人了解中国。例如：To kill two birds with one stone，"一石两鸟"；To shed crocodile tears，"掉鳄鱼眼泪"；Chain reaction，"连锁反应"，等等，这些是直译的典型例子。这样翻译既保存了原词的格调，又引进了一些新鲜生动的词语、句法结构和表达方法，使汉语表达变得日益丰富、完善。

四、英语翻译中使用直译时的注意事项

美国翻译理论家奈达认为，译文读者对译文的反应如能与原文读者对原文的反应基本一致，翻译就可以说是成功的。奈达还主张翻译所传达的信息不仅包括思想内容，还应包括语言形式。因此，直译时，译者必须注意以下问题：第一，在直译中，忠实于原作的内容应放在第一位，其次是忠实于原作的形式，最后是翻译语言的流畅性和通俗性。第二，进行翻译时，必须掌握原作的思想和风格，同时也必须把原作的思想和风格当作译语的思想和风格。第三，原作的理论、事实和逻辑也应当作译语的理论、事实和逻辑。我们不能用个人的思想、风格、事实、理论与逻辑代替原作的这些特征。第四，在翻译过程中，译语不要求等同于原语的数量和表现形式，但在内容方面要保持与原语一致，增减文字或意思要取决于表达方式和语言的特征，不能随意增减原作的文字、意义和表达的思想。第五，直译时，应该竭力摆脱僵硬的模式并且严格坚持翻译准则，在此基础上，设法灵活运用。第六，直译必须具有可读性，也就是说，译文不会引起读者的误解，也不违反一定的表达方式要求。以上都是我们运用直译时应把握的一些原则，它们就像一把把尺子，使我们在翻译时能够准确把握尺度，使译文准确、形象、贴切、完美，又不失原文的风格。

直译是译者在翻译过程中采取的一种翻译手段。直译和意译是合作伙伴，是紧密相连的。直译必须有其存在的依据和理由，也就是当原语和译语之间仍存在着内容和形式一致的可能性时，才能用直译，否则，译文就会因表达不出原文的含义而失真。因此，在翻译中，不能一意孤行地强调直译而忽略意译，在直译不能表达清楚原意的情况下，就要采用意译。同时要在实践中不断总结经验，灵活地运用适合原语的翻译方式。

第二章　英语翻译的理论与实践研究

第一节　英语翻译实践中的母语负迁移

在英语翻译中，语言迁移现象十分明显。母语迁移是指母语对目的语的作用和影响。母语迁移包括正迁移和负迁移。本节提到的母语负迁移是指母语与目的语之间存在着许多不同，从而影响了目的语的翻译，因此，我们需要对不同语言的文化背景做深入的了解，以免由于表达方法、说话习惯的不同造成翻译的不准确。在英译汉的过程中，当英文与汉语的说话习惯不同时，我们往往采用汉语的说话习惯，这是母语负迁移产生的主要原因。为了了解母语负迁移的影响，本文对母语负迁移的表现做了具体分析，并提出了相应的解决方案。

一、英语翻译实践中母语负迁移的主要表现

（一）词汇方面的负迁移

准确的英语翻译的前提是对英语原文的意境和文法有深刻的了解，而要做到这一点，翻译人员就要对英语句子中的基本词汇做准确的理解。但是在实际的翻译过程中，常常会出现词语翻译错误的现象，其原因是没有真正掌握词语的真正含义，而是简单地把词汇进行罗列。此外，并不是每个句子中的英语单词和汉语的意义都能一一对应的。受不同文化背景的影响，英语和汉语词汇中都有很多特有的词汇，若是直译的话，就易使目的语词汇在表达上不清晰，甚至失去了词汇本身的意思，比如，中文中的"宫保鸡丁"，在英文中无法找到与之相对应的词汇，这时候若受母语负迁移的影响将其

直译，就是造成词不达意的现象。

（二）句法方面的负迁移

英语与汉语句法之间的最明显差异就在于形和意。英文更重视句法结构的形合，靠的是语法结构，而汉语重视的是意合，靠的是句子内部紧密的逻辑关系，所以，在结构上，我们可以发现，英语的句法比较严谨古板，而中文的结构简单明了。因此需要认真了解英语和汉语结构上的不同，在翻译过程中，按照不同的句法结构做正确的翻译。在句法上，很多时候，英文和汉语说话的语序不同，需要做出一定调整。才能保证翻译的正确。如"昨天晚上，在小红家，小红的妈妈给我讲了一个故事。"这一句子很容易被按顺序进行翻译。而实际上，在英文中通常将表示修饰的状语放在句子的后面，如果对这些不了解，就会造成句法的负迁移，影响翻译的质量。

（三）篇章结构方面的负迁移

在英语翻译的过程中，对文章的整体把握很重要。英语和汉语在文章的整体结构方面有很多不同，所以在翻译时，要对文章结构以及段落设置做出适当的调整，保证文章结构的完整性和逻辑性，既尊重原文的表达方式，又符合译语的表达习惯，从而减少文章结构上的负迁移的产生。

二、在英语翻译实践中避免母语负迁移的策略

母语负迁移对英语翻译的影响很大，对于译者来说，正确地了解母语负迁移有助于其准确地翻译，这就要求译者采取积极有效的措施避免母语负迁移现象。具体方法如下：一方面对英语词汇进行累积，对词汇含义进行分析比较，尽最大努力防止词汇负迁移。在英语翻译实践中，受历史文化背景和习惯的影响，一些词汇的含义差异很大，我们要充分认识到这一点，深入了解不同文化，避免英语翻译过程中词汇方面的负迁移，提高翻译水平。另一方面，对英语和汉语的句法结构进行仔细分析和比较，了解英汉两种语言在句法结构上的差别，尤其是英汉之间句式的不同，避免在句法上发生负迁移。此外还要了解英汉两种语言句意和句子顺序的不同。同时，在英语翻译过程中我们还应该从全局出发，避免片面地对原文的词汇、句法进行翻译。

总之，在英语翻译实践中，要充分把握原文，从整体上掌握文章的宗旨，理解文章的意境和上下文之间的关系以及字句之间的关系，从而减少母语负迁移的影响。

第二节 英语翻译专业实践教学模式

随着我国在经济、政治、文化等方面对外交流活动的日益频繁，各个领域对翻译人才的需求也愈加强烈。虽然每年都有新的从事英语翻译的人员加入翻译行业，但仍然存在英语翻译人才紧缺的现象，无法满足翻译市场对英语翻译人员的实际需求。英语翻译人才的培养工作变得越来越重要，并具有一定的挑战性。因此，对英语翻译专业实践教学模式的探索也越来越有现实意义。

一、实践教学模式探索的意义

自2010年的上海世博会以来，我国对英语翻译人才的需求急剧增加。虽然每年有大量的英语专业或英语翻译专业的毕业生，但是其中从事翻译行业的毕业生数量却很少。究其原因，主要是学术型翻译人才培养模式与翻译市场对应用型英语翻译人才需求背道而驰，所以很多英语专业或英语翻译专业的毕业生虽然理论功底深厚，但翻译实践能力薄弱，不符合翻译市场的需求。因此，对英语翻译专业实践教学模式的探索迫在眉睫，已成为英语翻译人才培养工作的重中之重。

二、实践教学模式的六环节

在英语翻译实践教学过程中，有六个重要的环节。这六个环节相辅相成，是提高学生的翻译实践能力的重要手段。

（一）实践创新项目

实践创新项目能够充分调动学生学习的积极性、主动性和创造性。鼓励和引导学生积极申请校级、省级和国家级大学生创新创业训练计划项目，不仅可以提高学生的创新思维和创业意识，还能增强学生的创新创业能力。在专业教师的指导下，英语翻译专业学生可以通过实践创新项目服务地方经济建设。此外，还可以将大学生实践创新项目做成指导教师教改科研项目的子课题，以此提高教师的教学科研效率，达到教学相长的目的。

（二）翻译资格证书考试

中国的翻译职业化进程发展迅速，中国的翻译资格考试体系已建立并得到逐步完善。鼓励学生参加各级各类的翻译资格证书考试，既是对学生翻译能力的综合检验，也是学生顺利就业的基本保证。

（三）翻译竞赛

英语翻译大赛不仅能够检验学生的翻译实践能力，还能提高学生的学习兴趣和学习动力。目前我国主要的英语翻译大赛有中国翻译协会主办的韩素音国际翻译大赛和全国口译大赛、四川外国语大学主办的"语言桥"杯全国翻译大赛和华东师范大学主办的《英语世界》杯翻译大赛等。教师应鼓励学生积极参加各级各类的翻译比赛，支持学生参与校级、省际和国际的翻译实践交流，以此提升学生的翻译技巧在翻译实践中的应用能力。

（四）社会实践

参与和翻译相关的社会实践活动，可以使英语翻译专业学生了解翻译市场对翻译人才的需求程度，了解翻译公司或者企事业单位对翻译人员业务能力和职业素养的要求程度，同时提升学生解决实际问题的能力和与人沟通的能力。

（五）基地实习

基地实习是英语翻译专业学生在完成全部教学计划之后进行的职业体验和实践。

实习期间,学生将所学的翻译理论知识和翻译实践技巧应用到实践活动中解决具体问题。高校应该积极推进实习基地的多元化,实习基地不仅可以是翻译公司,还可以是企事业单位;可以是集中实习,也可以是自主实习,通过丰富的实习形式提高学生的翻译职业素养和翻译实践能力。

(六)毕业论文

毕业论文可以培养学生提出问题和解决问题的能力。应提高英语翻译专业学生撰写翻译实践报告的比例。翻译实践报告由翻译实践和报告撰写两部分组成。翻译实践部分不仅能够培养学生翻译的独立性和自主性,还能够检验学生的真实翻译水平;报告撰写部分不仅能够培养学生的总结和反思能力,还能锻炼和提升学生解决实际翻译困难的能力。

英语翻译专业实践教学既要重视实习、实训教材的建设,也要重视师资队伍的建设,更要重视实践教学管理制度的建设,以此提高应用型和复合型英语翻译人才培养的质量,为我国在对外经济、政治和文化的交流活动中做出更多的贡献。

第三节 科技英语翻译理论和实践的关系

科技英语是科学技术工作人员在科学研究和学术交流中所使用的英语。科技英语的主要特点就是用词准确和语言简练,能够有效地表达说话者所要表达的客观内容,语言条理清楚,经常使用较强的专业性词汇,有较强的实用性。在进行科技英语翻译的过程中,一定要保证以上特点,使翻译的文章尽可能地忠实和准确,能够突出原作者的思想观念以及风格特点等。汉语和英语是两种不同类型的语言体系,在行文习惯、使用修辞方式和词语表达方面都存在一定的差别。一般情况下,英语科学技术类文章结构严谨,具有较强的逻辑性,经常会出现词语替代等情况。这些要求翻译人员具有一定的专业知识以及词汇量,能够熟练使用科学技术语言。具体来讲,科技英语翻译人员应全面了解科技英语翻译理论和相关实践知识,掌握翻译的技巧和规律,在英语和汉语中进行熟练的应用和转化，注重观察词语词性变化和在句子中的逻辑关系，关注原文文体特点和词汇语法，这样最终翻译出来的科技英语文章才能够将科技知识和行文脉络理清，将意思传达清楚。

一、翻译理论和实践之间关系

由于各个国家之间的语言差异，现阶段很多领域都会通过翻译来进行研究。翻译能够打破语言障碍，推动文化交流和社会交际活动。翻译人员在进行翻译的过程中，不仅仅是对语言的转换，还应该反映出不同类型社会的文化特征。一些专家认为翻译是和语言学相对应的一门学科，主要是在语言的基础上建立一个对等关系。同时，翻译理论能够直接作用于应用理论，应用理论充当了翻译理论和翻译实践之间的桥梁。所以在翻译理论和翻译实践之间应该找到语言之间的对等关系，从而满足科技英语翻译工作的需要。这也在一定程度上说明翻译理论是在整体上或者是宏观上指导翻译工作的实践活动。另外，翻译理论和翻译实践是相辅相成的关系，所有翻译实践都离不开翻译理论的指导，翻译理论也少不了翻译实践的经验支持。

翻译活动很早就开始兴起，并在漫长的历史进程中不断丰富和完善，不管是在西方国家还是在我国，人们一直专注于研究翻译理论与翻译实践之间的关系。在西方国家，很多著名翻译人员提出了翻译理论和实践研究活动，并制定了翻译标准。在我国，翻译的标准是"信、达、雅"三种，后期经过多次的研究和分析，又得出了忠实和通顺两种翻译标准。翻译理论中的翻译标准都是在实践基础上得以确定的，即能够和作者之间的思想以及观念进行联系，能够在一定程度上将原作内容表达出来，不能让原意有任何篡改的情况，应该符合原作者的思想情感，符合现阶段语言规范和要求，尽量减少文理不通、结构混乱等现象。总体来说，如果翻译工作没有翻译理论作为指导，那么翻译任务就会变得困难，不能得到很好的解决；如果翻译理论没有翻译实践作为经验支持，那么理论就难以得到完善。

二、文体特点和句法结构

（一）文体特点

目前英文科技文献经常使用的文体可以分为论述文体和应用文体两个部分。其中论述文体包括一些书面用语，要求在结构上保持严谨，在论证上能够客观和公正，使所要表达的中心思想明确，具有较强的逻辑性。在翻译的过程中，需要译者了解句子结构之间的关系，有效理解原文意思，具有一定的专业知识，明确一些词汇在相应学科中的特定意义。最后要根据汉语中的表达习惯对译文进行整理，译文中的语言尽量规范，内容贴切，风格和原文保持一致。应用文体包括科普类应用文体和指示类应用文体。其中科普类应用文体一般具有知识性和趣味性的特点，能够吸引读者的注意力，能够灵活使用词语，并保证词语和句子具有一定的感情色彩。所以在科技英语翻译的过程中，译文也应该具有以上特点。而指示类应用文体用词比较精练和简短，所以在进行该类文章翻译的时候，也应该使用精练的词语和简短的句式，保持作品本身的特点。

（二）句法结构

英语科技文献的句法不同于其他文体，并且物称多于人称。物称主要是指以没有生命特征的物体作为主语，而人称指的是以有生命特征的物体作为主语。还有一个比较重要的特点是，多通过被动语态的形式叙述客观事实。这也是科技英语文献中常常使用的句式结构。此外，科技英语文献中名词化结构使用频率较高，并且按照一定的语法以及句子结构来进行阐述。在翻译过程中应该将名词有效转化成为动词，这样才符合大多数翻译文章的要求。

三、原文理解和译文表达

（一）原文理解

对于英语科技文章的理解主要通过上下文相结合的方式进行，即通过一定的语境进行分析和研究。在行文的思维模式上，中西方有所不同，我国比较注重具体思维模式,而西方国家更加注重抽象思维模式,这就导致了两者之间文字表达方式的不同。此外,词语的使用以及句法也存在着不同。所以为了保证所翻译出的科技文献能够忠实于原文,保持作者的思想观念以及论证风格,需要对原作进行关注和研究,深刻理解原作的中心思想;在翻译技巧上要了解词语搭配以及表达习惯之间的关系,但是不能出现一些含糊不清的词语。因为一般的文献阅读人员都会注重研究作者的思想观念,若在翻译的时候改变原作的思想,这就会使翻译工作的效果大打折扣。

(二)译文表达

翻译人员在进行译文表达时一定要重视专业术语词汇在文中的语境意义以及和上下文之间关系等,因为文章思想不同,词义也会出现一些变化。

1.译文中出现的多词一义的情况

英文文献富于变化性,不仅句子中的句型和结构易出现变化,而且词汇也会有所变化,即针对同一概念的事物和行为或者状态都会出现不同的词汇。所以在翻译科技英语文献时一定要注意同义词汇替换和句式结构替换的情况。这一情况经常会在一些比较严谨的科技文献中出现。相较而言,汉语科技文献中对于同一的概念事物基本上使用同一个词汇进行表达,不会出现变换的情况,这主要是为了表达上的准确性。翻译人员应该了解这一表达差异,明确多词一义的情况,避免译文中出现概念模糊的情况。

2.译文中出现一词多义的情况

在对科技英语文献进行翻译时,常常会出现词汇处理不当的情况,并且很多事实都证明,翻译科技文献容易使人"不专业"。翻译人员在选择翻译词语的时候一定要保证所使用的词语能够和原文意思保持一致,从而使翻译的句子和原文意思相符合。但是在翻译过程中容易出现一些不符合文章思想的词语和句子段落,这是由常用词误译造成的,英语中的一些词汇词义比较灵活,和上下文之间关系比较密切,所以文献中每一个词汇的含义都要根据具体的语境进行分析和研究,不能够单独地看某一个单词。

3.翻译中词义的引申

有些情况下,翻译人员会通过直译的方式来忠实于原文。但实际上这是一种认知上的偏差。英语和汉语在语言结构以及表达方式上有所不同,一般情况下能够使用直译的形式,但如果不能明确相应的词义,就会使译文含糊不清,让读者难以理解。这时就需要根据上下文语境对原文进行分析,引申出符合原文的句子和词语,选择符合文献的表达方式，使句子的含义更加清楚。

综上所述，科技英语翻译是一门技术科学，需要翻译人员对其进行研究，并结合一定的理论加以实践，不断总结经验。所以，要做好科技英语翻译工作，需要了解不同国家和地区的文化，找到其中的异同点，并且有效地应用到科技英语翻译实践中去。

第四节　英语习语的翻译和实践研究

在漫长的习语发展历程中，英语逐渐形成了以固定句式和短语为主的习语表现形式。习语包含浓郁的地域特征和民族色彩，对习语的翻译会影响译文的质量。因此，本节将地域历史和民族文化作为切入点，探究英语习语翻译理论和实践。

一、英语习语的翻译与主要特征

（一）英语习语的翻译理论

根据不同的交际功用，英语习语可以分为表明态度、传达情感和表达愿望等类别。根据英语习语的不同主题，语言学家又将其分为神话、宗教、家庭、教育、文艺和医学等多个类别。这些习语类别主要为了表达不同地域的生活与生存经验。随着语言学理论结构的不断完善，专家、学者开始使用现代语言学的研究方式，进行习语语言内容与形式的研究活动。但这种依赖语义和词汇的习语翻译方式并不能满足深层次的习语翻译需求。因此，语言学家逐渐通过含义转换的方式进行习语句法与结构的深层翻译研究。当前，英语习语翻译研究主要包括单词、短语和句子三方面内容。其中短语和句子在英语习语中所占比例较大，短语和句子的词汇结构、语义也更加复杂。近年来，在英语习语翻译方面，开始重视习语功用与文化内涵的研究。英语习语作为区域文化的主要表现形式，能反映不同地域的社会形态与文化内涵，而且在语言交际活动中，英语习语的表达也能提升个人的文化素养与品位。因此，在英语习语的理论研究中,应重视习语的功用、交际和文化语境等内容。

(二)英语习语的主要特征

英语习语与成语较为相似,也具有不透明性、综合性和稳定性的特征。不透明性指的是英语习语的含义不可预测,不能从字面的意思进行解释。例如,"I get a kick out of you.",汉语直译为"踢水桶"。kick是"用脚踢"的意思,不管是人或马的脚,被踢的人一般来说会感到很痛,但这句习语的真正含义却恰恰相反。这句习语的真正意思为"你的感情使我感到快乐和激动",但其并不仅仅和爱情联系在一起,而是指任何能够产生快乐的感情。因此,某些英语习语的含义与单词本身的意思关系不大,但有时也会与单词的意思相近。综合性是指英语习语在社会生活各个方面使用得非常广泛。英语习语主要来源于社会生活,普通民众在生产实践中创造了一系列习语。如"as cool as a cucumber"从字面意思翻译来看为"像黄瓜一样凉爽",但真正的含义为"泰然自若、冷静和放松"。习语的结构更具有稳定性。一个习语的词序不能被随意改变,即使修改之后可以拥有更加完美的语法。同时虽然对词语的修改并不违背语法规则,但在英语习语翻译上是不被允许的。

二、英语习语翻译中的文化内涵与词汇空缺

(一)英语习语翻译中的文化内涵

文化是社会信仰与实践的产物,所以,英语习语能够起到信仰表达和语言传递的功能。任何一种惯用的表达方式都是从特定文化中不断演变而来的。虽然部分习语看起来会有些古怪且不合逻辑,但其背后承载着文化与历史的变迁过程。

(二)英语习语翻译的词汇空缺

不同文化词汇有着不同的文化内涵,有些表面看似相近的词语,可能有着不同的内涵。最为显著的词汇空缺为"dragon"(西方的龙),西方的龙与中国龙存在本质区别。Dragon长着类似于蝙蝠或蜥蜴的双翼,能够喷出火焰并对人类造成伤害,还喜欢盗取财宝和居住在洞穴中。而中国的龙是与白虎、朱雀、玄武并称的"四大神兽",

长着鹿一样的角、骆驼一样的头、兔子一样的眼、蛇一样的脖子和鱼一样的鳞片,是吉祥与帝王的象征。对于"龙的传人"的翻译,一些译者常常会从字面意思将其翻译为"Dragon's descendants",但由于中西方的文化差异,中国龙这一形象在英语中并没有对应的词,因此,在翻译中会因文化内涵的缺失而影响翻译质量。

三、英语习语翻译的实践问题

(一)直译加解释的习语翻译

直译是最为简单、直白的英语习语翻译方式。但由于英语习语的历史与文化含义,大多数情况下不能使用直译,或者需要在直译的基础上添加相应的解释,而且要保证英文与中文之间语义的对等,例如,"All roads lead to Rome."译为"条条大路通罗马",这一翻译形象地表明了习语的真正含义,所以不需要添加其他注解。再如"an eye for an eye"这种具有文化内涵的习语,就要在直译的基础上加入注释。"An eye for an eye"出自《圣经·申命记》中摩西发布的法令:"A tooth for a tooth, a hand for a hand and a foot for a foot."翻译为"以眼还眼,以牙还牙,以手还手",这里需要添加注释"以其人之道还治其人之身",以免引起读者的误解。

(二)意译的习语翻译

在英语习语翻译中,在无法找到对应表达词的情况下,可使用意译的翻译方式。意译不需要保留原有习语的表达方式,而需要翻译出英语习语背后的引申含义。

(三)套译的习语翻译

套译与直译、意译和音译均不相同,其主要使用汉语中存在的替代词对英语习语的含义进行套用。套译词与英语习语有着相同的意思,但两者在内容表达方面会存在微小的差别,如geometry(几何学)、operational Research(运筹学)和state(州)等,都属于套译。习语翻译套译的主要例子有:"courtesy costs nothing"被译为"礼多人不怪",其中"courtesy"(礼貌)与儒家的"礼"有着相近的含义。"Man proposes, God disposes."被译为"谋事在人,成事在天",其中"God"(神,上帝)与我国的"天"有着相同的寓意，因此，可以使用套译的翻译方式进行翻译。

英语短语或短句要想成为习语，必须经历复杂的过程，而且要符合习语的相应特征。英语习语的翻译需要针对习语本身的含义与文化内涵选择恰当的翻译方式，同时要兼顾目的语读者的文化习惯，对英语习语进行适当的修改与变形，做出符合词语内在含义的翻译表达。

第五节 新时代审计英语的要求与翻译实践

在世界范围内，审计与经济社会的发展一直存在紧密关联。审计是指在人的主观行为中对经济活动进行客观分析和研判，从中发现存在的问题及成因。目前，越来越多的企业参与到了国际化、全球化的经济活动中，涉外审计业务越来越频繁。包括会计师事务所、企业等在内的诸多社会组织，无论是经营自主权还是组织活力均有了前所未有的增强。在此背景下，为了确保更多社会组织的经济业务能够在全球化的发展中更加顺利，发展模式更加健康，一方面要强化涉外经济业务中的审计实践，另一方面要充分考虑东西方语言文化与思维的差异，防止在审计实践中出现不必要的交际障碍与审计失误。更为重要的是，在审计实践中要强化审计翻译工作的地位。审计人员不但要注重审计英语的词汇术语化、句法结构复杂化和语义表达客观化的特征，还应充分尊重审计英语的语言特点，在充分考虑英汉句法结构差异与共性的同时，借助多种翻译工具加以处理。因此，为了避免审计人员在和审计对象进行交际时出现障碍及失误，本节以新时代审计英语的要求为出发点，探讨审计英语的翻译实践问题。

一、新时代审计英语的基本特征

在专业英语翻译实践中，一般要对词汇、长句以及被动句等给予"特殊关注"，以便更好地解决汉译中出现的典型问题。在新时代，虽然审计英语使用特征与翻译原则并没有出现较大变化，但随着我国涉外审计业务持续增多，审计人员和审计对象之间的沟通难度越来越大。因此，有必要在审计英语应用和翻译领域做出更多努力，在充分尊重审计英语语言特征的前提下，对翻译工作进行全面分析，消除英汉句法结构差异，体现两者的共性。

在审计英语的实践当中，语言翻译的独立性被认为是最基本的属性。因此，要确保翻译内容具有独立性与公正性，一般很少以第一人称以及第二人称完成语义表达，这样做的目的在于尽量消减翻译人员的主观判断，确保翻译内容更加公正和客观。比如，在审计英语翻译过程中，与审计业务有关的词汇以主语的身份出现时，翻译时就要特别注意。除此之外，还应关注审计英语翻译的语义关系，以确保翻译内容更加科学。在当下，审计英语翻译需要充分考虑翻译环境的特殊性，对于高频率出现的词汇要尽量避免被动语态的应用，以使语义表达更加客观。为了使审计英语翻译更加有效，还要注意：审计英语文本形式一般存在于审计法案条例和书面报告当中，因其内容具有较强的专业性，翻译人员要特别关注措辞问题，以确保审计英语和法律内容保持一定的关联，让翻译更具专业性。在审计英语翻译过程中，经常出现和法律审计有关的专业语言。因此，就要特别注意审计专业词汇和法律专有词汇间的联系，既要提升专业性，又要确保词语翻译的准确性。更为重要的是，在审计实践中，审计翻译的有关内容还会和部分经济活动有所联系。因此，翻译人员要注意可能涉及的经济学和管理学等内容。

二、新时代审计英语翻译的要求

审计英语翻译的目的在于将英语视作手段，完成对审计理论和审计方法的应用与传播，让审计实践尤其是涉外审计实践在更加广阔的空间内得以推进。在这一过程中，审计人员要进一步认识到，审计英语具有特殊用途，要将其和其他专门英语之间进行区分。

（一）强化术语+合理借鉴

在审计英语翻译的过程中，需要借助一定的翻译方法。要实现这一点，需要在强化术语的同时对翻译技巧进行合理借鉴。同时，在翻译实践中，还应该借助特定语言资源对专业语句展开分析，在充分结合上下文内容的同时开展翻译工作。更为重要的是，翻译人员需要不断总结和借鉴翻译经验，比如，可以经常浏览翻译网站或者词典查询有关内容和翻译技巧，也可按照自身翻译经验对审计英语翻译进行总结，以保证翻译工作更加合理，从而达到更为理想的翻译效果。

（二）队伍建设+能力提升

随着全球经济一体化进程的持续加深，国际审计实践表现出多元化的特征。英语在跨国审计实践体系内的应用越来越深入，审计信息的传播模式也更加畅通。尤其对于涉外企业来说，其业务项目运作中的专业审计人才已成为越来越重要的资源。为此，在审计英语翻译过程中，以保证翻译人员的专业性为前提，有针对性地进行审计英语专业人才的培养和教育工作，借此搭建更为理想和高效的审计人才群体，为完成更多审计英语翻译任务奠定人才基础。

（三）信息客观+措辞专业

审计英语用词正式、严谨，要求翻译工作做到词意准确。审计英语中的很多内容与法律条文直接相关。所以，在翻译实践中，不但要在词义、句义等方面做到准确，保证"信息精准"，还应充分考虑文本自身传递出的信息，达到"措辞专业"的目的。在新时代，审计机关需要针对审计事项向政府部门进行通报，并按照审计结果和审计意见完成后续的工作。比如，审计英语翻译出现的"announce"一词，原意为"宣布"或者"宣告"，可是，当其出现在审计文本内，就应重点考虑此类文体的特点及其在文内的语境，应将其翻译为"通报"，不但与审计法案的用语相符合，还可以准确地体现审计单位与政府机构的关系。

（四）表达准确+结构完整

"准确"的标准是努力实现等值翻译，"通顺"的标准在于所要表达意思的清晰水平与完整状态。因此，在审计英语翻译的过程中，应该充分了解汉语的句子特征与表达偏好。比如，在翻译"Audit decisions made by audit institutions shall be implemented by the audited bodies."时，"made by audit institutions"被视为"audit decisions"的后置定语，因为汉语中很少出现后置定语这一用法，所以在翻译时需要进行结构方面的调整，使之与汉语的表达习惯相符合。此外，审计英语偏重使用被动语态，汉语则更加注重运用主动语态,由此,在审计英语翻译过程中需要对此有所体现,让译文更为通顺。

三、新时代审计英语的翻译实践

对审计翻译来说,其基本要求为准确和通顺。因此,在充分结合审计语言的特征与审计工作本身特点的基础上,审计英语翻译需要把审计翻译和审计信息加以整合,确保审计英语翻译成果更为真实和客观。同时,在审计英语翻译当中,需要破除翻译内容的限制因素,以便在现实场景中使审计英语得到最大限度的还原,为审计英语翻译质量的提升提供更多保障。

(一)长句翻译

在审计英语翻译过程中,应依据原文内容,按照汉语的表达习惯开展翻译工作。其中,对翻译中出现的名词后置问题,应该予以微调处理,将后置定语进行前置,使之以名词形式出现,从而获得更为理想的翻译效果。审计英语中的并列语句通常借助"and"与"while"得以实现,前者意为并列,而后者就是对比,借助的方法都属于顺序直译的范畴。例如,"对于审计人员的回避,应由审计机关负责人确定;而审计组织负责人的回避,要通过本级政府和上级审计机关负责人确定。"在开展翻译时,应该特别注意此类问题。

(二)ESP翻译

在审计英语翻译当中,为了达到更加高效地传递审计信息、更加真实地反映审计英语翻译内容的目的,需要从审计英语的本质要求出发,根据实际情况优化形式,在翻译实践中尽量保留审计英语的原本含义。审计英语被认为是带有专业目的的英语(ESP),因此需要在既定应用范围内被特定的社会群体接受。为了满足这一要求,应对日常用语中的词汇含义进行分析和研判,以防止审计英语的词义无法适应特定对象与特定场景的问题。

(三)词汇翻译

一词多义现象在审计英语翻译中十分常见。一旦在审计文本以及具体语境内出现这种现象,就需要充分考虑词汇的特定用法,借此减少词汇本身含义的干扰。此外,审计词汇的同义义项与近似义项的选择往往带有专业属性。比如"current"具有"目前的、现行的"以及"通用的、流行的"意思,可是对于"current account"以及"current assets",鉴于审计文本的使用语境,"current"就应被译作"活期(存款账户)"或者"流动(资产)"。

第六节 典籍翻译理论与英语教学实践

中国文学典籍是中国五千年文明历史的集中体现。在当今世界各国文化交流日益频繁的背景下,典籍的翻译对传播中国传统文化、提升中国文化软实力和实现"文化走出去"的国家策略无疑有重要的意义。但同时我国典籍翻译又面临巨大的挑战。本节通过探讨我国典籍翻译存在的问题,研究解决的具体方案即与教育教学相结合,采取科学有效的教学方法培养功底深厚的典籍翻译人才,促进典籍翻译事业的发展。

一、典籍翻译面临的问题

(一)翻译理论与实践脱节

目前,在中国的典籍翻译界,理论与实践的脱节现象仍然比较严重。汪榕培教授曾在《典籍英译研究》的前言中指出:"从事中国典籍翻译实践的人员多数不从事理论研究,他们对于翻译的见解多数见于译者前言或诗话式的只言片语之中。而从事理论研究的人员,则基本上不从事翻译实践,主要是把西方的翻译理论介绍到国内来。现在写翻译理论文章的作者还有一批是翻译专业的硕士研究生和博士研究生,他们没有翻译的实践,仅是照搬西方的某个理论,用来评论现有的翻译文本,难免有隔靴搔痒的感觉。"就理论探讨而言，译者在翻译文本时是追求"信"度还是追求"效"度，涉及翻译方法、翻译标准、翻译策略及翻译原则与要求等。然而，目前我国学术界对典籍翻译标准与策略的系统研究仍处于缺乏状态。

（二）翻译人才缺乏

目前我国专门从事典籍翻译与相关研究人员的数量仍然相对较少。赵启正曾在接受记者采访时指出："我们向外国传递中国文化的力量确实还比较弱，这也包括我们的外语力量欠缺。在介绍中国方面，很多外国有需求的书需要我们译成外文或至少要将摘要译成外文才能走向市场。我们在国际图书市场上操作不力，表面上讲是我们对外供应意识不足，其实，深度原因是我们中译外的人才非常匮乏，可以说是凤毛麟角！"事实上，到目前为止中华文化的不少精华之作还没有被翻译介绍到国外，例如，《史记》《资治通鉴》和《徐霞客游记》都还没有全译本。另外，译者也面临着人员结构老化的严峻问题。翻译一部中国典籍旷日持久，然而，现在我们国内几乎所有的高校包括外语类的院校，都不认可外语教师的翻译成果，同时出版社支付的稿酬也很微薄，这些现状使不少年轻学者望而却步，不愿意从事典籍翻译的工作。目前，我国多数从事典籍翻译的资深专家已渐入高龄，而中青年人才又严重缺乏，出现了典籍翻译者队伍断层的现象。

二、重视典籍翻译与教育教学的结合

面对目前国内典籍翻译的现状，必须加强典籍翻译与教育教学的结合。然而，有关典籍翻译的教学似乎被学者忽视了。尽管已经出版了许多相关的教材，但并没有被广泛应用，因为有许多翻译教学单位还没有开设与典籍翻译相关的课程。有关典籍翻译教学方面的论文也比较少，甚至一些重要的议题也并未提及。因此，国家教育部门应加快在高校设置典籍翻译专业的进程，并采取科学的教学方法，培养更多的专业典籍翻译人才。典籍翻译专业课程的设置对于翻译教学的开展及翻译人才培养目标的实现具有重要作用，对国家"文化走出去"战略的实施具有重要意义。

（一）翻译理论建设与实践相结合

典籍翻译教学不仅要重视翻译实践，也要加强翻译理论建设。事实证明，理论素养是翻译能力的重要组成部分，同时也是专业化知识必不可少的组成部分。翻译理论不仅有助于学生掌握一定的翻译能力，还有助于学生在整个专业生涯中提升自己的翻译能力。

要建设典籍英译理论体系，应该以描述性翻译研究、翻译转换研究、以翻译为目的的文本分析和基于语料库的翻译研究作为理论基础，四者相互联系，在逻辑方面互为依托，一起构筑典籍翻译理论建设的坚实底座。

描述性翻译包括三个研究方向，即产品研究、功能研究和过程研究。对要翻译产品的描述是理论建设的出发点，与此同时，为了研究典籍翻译的规律，译者还要观察目的文本中原作文本特征的转换结果，并推测这些特征在翻译过程中是如何被移植的。从这个意义上讲，翻译过程也是研究对象的过程。描述性翻译的功能不仅仅是对翻译实践进行观察和描述，更重要的是研究结果将被用来建立翻译原则和模式，即描述性翻译研究的结果最终将被用于翻译理论研究。

翻译转换研究可以简单地概括为在把原作翻译成目的语的过程中发生的细小变化。因此可以说，翻译转换概念的核心是"变化"或"差异"。而产生转换的根本原因在于两个作者、两种语言和两种文学情境的差异。译者在使用翻译转换分析法前，必须明确其研究目的，从而确定描述何种类型的翻译转换。运用翻译转换进行翻译描述的时候，译者必须辨别原作的独特特征，而这个工作就要借助以翻译为目的的文本分析来完成。

以翻译为目的的文本分析一般是指在实际翻译过程之前译者对原作的各种特征进行的分析。大多数翻译理论家认为，在进行典籍翻译之前，译者只有通过对文本的分析才能确保全面、准确地理解和把握原作内容。

语料库的使用经常与翻译规范研究联系在一起，把语料库作为研究工具将会大大提升翻译规范性研究的深度、广度和准确度。在翻译研究中，语料库能真正做到分析数据化和定量化。翻译语料库还允许译者进行定性分析，为客观、科学的研究提供了必备条件。所以，构建典籍翻译的理论体系，译者可以采用自建英汉典籍小型平行语料库的方式。在使用的过程中，译者可以对原作的各种特征和目的文本中的翻译转换特征进行标注，并通过统计和分析，比较清楚、准确地确定典籍翻译中存在的翻译规范，进而建立典籍翻译的原则和模式。

对于教师而言，一方面，教师要注重典籍翻译实践，在课堂上安排一些实践活动，使学生积累对翻译的感性认识；另一方面教师要重视理论建设，积极引导学生构建典籍翻译理论体系，以提高学生的典籍翻译能力。

（二）重视文、史、哲知识的互通性

在我国当前的学科体制下，所有的学科似乎都可以量化为客观的知识和能力，如翻译水平等级考试。事实上，翻译教学作为一种人文教育，需要学生建立独立的人格意识、创造力和想象力，以形成健全的价值取向和判断能力。因为翻译不仅仅是一种语言到另一种语言的转换，译者也不仅仅是原作者的影子。翻译其实是一种艺术的再创造。对同一部中国典籍的英译，不同的译者有不同的翻译风格，再加上时代背景及政治因素对译者的影响，译文往往也带有一定的意识形态和价值取向。一名合格的译者需要有良好的修养和同情心，高尚的个人趣味和情操，对个人、家庭、国家以及天下有强烈的责任感，对人类的命运有勇敢的担当。以上这些素质是译者在对文、史、哲知识的学习及对人类优秀成果的吸纳和认同的过程中逐渐形成的。中国典籍翻译课程的特殊之处在于，学生翻译的材料都是古典名篇，所以对文、史、哲方面的这三方面基本知识的要求更高。学生在做典籍翻译的过程中，困难大多不是来自怎样进行有效的双语转换，而是来自对原作的正确、标准的理解。

因此，在教学过程中，教师要加强对学生文、史、哲知识的培养，要求学生多读文、史、哲方面的优秀书籍。在教学方法上可采用"文化导入"式的方法，即教师适度给学生补充基本的文、史、哲方面的常识，以此提升学生对经典文献的理解能力。学校要尽力为国家培养出更多优秀的典籍翻译人才，为弘扬中国传统文化做出贡献。

随着我国综合国力的不断增强，典籍翻译的需求量正在逐年加大。因此，我国需要进一步加强典籍翻译的学科建设，并逐步建立一支中英文造诣精湛、中西学识功底深厚的专业典籍翻译队伍和研究人员，将中华五千年文化的精华有计划、有系统地向世界传播。本节研究了我国典籍翻译的现状以及目前面对的问题，并提出了解决的方案，即重视典籍翻译教学，采取科学的教学方法以培养出更多优秀的典籍翻译人才。同时希望本节所做的探讨能有益于国内典籍翻译的学科建设，也期待着更多有识之士能不畏艰险，投身到典籍翻译这一崇高而艰巨的事业之中。

第七节　文化建构与英语翻译实践

在英语翻译中，翻译者不仅要掌握正确的英语语法知识，还要了解英语文化背景，才能够正确地翻译出英语原文中所表达的情感以及含义。所以，在英语翻译中要对文化欠缺的情况进行弥补，积极地对文化进行构建，以确保英语翻译的准确性。

一、文化缺失对英语翻译实践的影响

（一）语言表达不准确

文化缺失对英语翻译实践最明显的影响在于语言表达得不准确。英语与汉语属于不同的语系，翻译者若不了解英语国家的文化背景、风俗习惯和交际礼仪等，就会使翻译的内容与实际内容存在很大的偏差。翻译者受母语的影响，在学习英语的时候无论在发音还是语法的掌握方面，都可能会出现一些问题。因此，对英语进行翻译时，尽管能将基本的意思表达出来，但却很难诠释其内涵。

（二）翻译方式错误

目前，大部分的英语翻译多采用直译法导致翻译的内容准确度不高，文化信息传递质量偏低。在翻译过程中，为尊重原作，翻译者会逐字逐句地翻译，且不对语序进行调整，导致翻译后的作品所传播的文化信息与原著存在一定偏差。

二、英语翻译中的文化构建

（一）对中西方文化进行融合

在对英语进行翻译时，翻译者应深刻地理解英语原作的内容，并根据目标语的历史文化，结合实际情况，将中西方文化进行深度融合，使翻译内容表现出应有的文化内涵，达到比较好的翻译效果。比如，将将《笑傲江湖》翻译成"Swords man"，这样才能够保证原作与译文在内容与内涵上的一致性。

（二）遵循英语翻译标准

英语的翻译标准是在长时间的实践中总结出来的，翻译者必须对其有充分的了解，才能够保证翻译的正确性。在英语翻译实践中，翻译者不仅要将字面上的意思准确地翻译出来，还要将原文的情感进行准确的传达，使译文的表达方式、翻译风格基本与原文保持一致，这样读者才能真正地理解译文的内容。比如，"亚洲四小龙"不能直接翻译成"Asian Four Dragons"，而应该翻译成"Four Asian Tigers"；"blue"在中国文化中有"恬静、淡雅"的意思，但西方国家却认为"blue"代表着忧郁，所以在表达情绪比较低落的时候，要用"in a blue mood"。由此，在翻译的时候，要遵循目的语国家的语言习惯及英语翻译标准，以确保翻译的准确性。

（三）灵活选用翻译方式

根据翻译内容灵活地选择翻译方式，能够提高翻译质量。在英语翻译实践中，如果只采用一种翻译方式，必然会导致许多翻译错误或者翻译不准确。所以，要将多种翻译方式结合起来。比如，对于"分明曲里愁云雨，似道萧萧郎不归"可采用模糊翻译的方式，翻译成"It's clear that the song is full of worry and sorrow. As if to complain that her lover has not yet return."。以这样的方式翻译古诗词，能够让西方国家的人更好地理解其中的含义，此外还采用了意译的方法，否则西方人很难真正理解其中的意思。

综上所述，文化欠缺会对英语翻译实践产生不利的影响，因此，在英语翻译实践中应注意文化的重构。在实践中，不仅要对中西方文化进行融合，遵循英语翻译标准，还要灵活选用翻译方式，做到既能传递文字表面意思，又能传递文化情感信息，以达到最好的翻译效果。

第三章　英语翻译的应用

第一节　交际翻译理论在商务英语翻译中的应用

随着我国外贸经济的快速发展，商务英语已经成为企业贸易间沟通的桥梁，商务英语翻译也就成了贸易中的一项重要工作。交际翻译理论被广泛地应用到商务英语翻译中，使翻译达到了更好的效果。本节通过对交际翻译理论基本内容、商务英语翻译特点和交际翻译理论的适用性进行分析，阐述了交际翻译理论在商务英语翻译中的应用方向。

一、交际翻译理论概述

英国著名翻译教育家彼得·纽马克提出了语义翻译和交际翻译这两个概念，并把文本做了明确的分类，包括信息型、表达型和呼唤型，强调了在翻译时要紧贴原文。而彼得·纽马克的语义翻译理论主要强调对原文作者的思维过程进行重现，比较重视翻译中的内容，主张利用短小的句子对原文的单词、短语等进行表述。而交际翻译理论恰恰相反，强调翻译的语域要与目标文本相一致，更加注重翻译效果。交际翻译理论在翻译时一般以段落为基础，把目的语作为翻译的中心，比较注重读者的理解和对译文的反应，目的是让读者能够读到真实客观的原文信息。彼得·纽马克认为，在翻译中，使用的方法是按照文本性质的不同进行选择的，小说、信件等属于表达型文本；而有些文本的主要目的是表述文本的内容和传递相关的信息和知识，这些文本属于信息型文本。这种类型的文本的内容和书写格式比较规范，在大部分领域都可以应用；呼唤型文本的主要的目的在于得到读者相应的反馈，把读者和作者紧密地联系在一起,指南等就属于呼唤型文本。彼得·纽马克认为,在表达型文本中,使用语义翻译比较合适,而交际翻译比较适合在信息型文本和呼唤型文本中使用。

二、交际翻译理论在商务英语翻译中的适用性

(一) 对各国家间的文化不对等现象进行合理的调整

经济全球一体化给各个国家带来了巨大的机遇,同时也带来了挑战。各个国家由于地域差异,在民族文化、风土人情和生活习惯等方面存在着巨大的差异。交际翻译理论的目的在于把原文的主旨通过适当的语言表达出来,使翻译后的文意和原作的文意相同,并让译文读者的感受和原作读者的感受一致,从而实现准确交际的目的。所以,在中西方文化存在巨大差异的环境下,翻译人员要对不同国家的文化进行了解和掌握,并使用适当的语言,使各国的文化进行等值的信息交流。在实际应用中,经常会出现同一个词在不同文化背景下有不同意义的情况。例如,兔子在我国代表了一种很可爱的动物,还有以兔子命名的"大白兔"奶糖,深受国民的喜爱。但是,对于澳大利亚来说,兔子并不是一种受欢迎的动物。它们能够破坏草原,与牛羊争夺食物,破坏了当地农业的发展。澳大利亚人认为兔子是一种不好的动物。在对中国"大白兔"奶糖品牌进行翻译时,不能直接译成"White Rabbit",否则会给此品牌带来很大的影响。

(二) 能够使译文与原文的语义实现信息对等

交际翻译理论认为翻译的目的在于对原文的信息进行准确的传达,翻译中所做的所有工作必须服务于整体译文的翻译效果。而商务英语翻译的最基本要求就是要保持译文信息与原文信息对等,实现信息的等值传递。在这种情况下,翻译工作者在翻译时,要根据不同的文化差异和不同的环境对信息进行相应处理。在实际的商务英语翻译中,有很多翻译者对词汇进行了直译,使翻译前词汇所表述的信息和翻译后所表述的信息不能等值,从而出现了很多错误。例如,我国很多"国家二级企业"被翻译成"State Second-class Enterprise",而"Second-class"在英语中具有"质量下降"的意思,既影响了企业的形象,也给企业的扩大和发展带来较坏的影响。我们可以把这个词语翻译成"State-level II Enterprise",就会好很多。所以,在商务英语翻译中,翻

译工作者要对自己的工作内容负责，防止类似事件出现，带来不好的影响。

（三）用词必须准确、严谨

由于商务英语是一项专业的技术活动，直接关系着企业的经济利益，所以，翻译者在进行翻译时必须用词严谨、准确，表面意义不仅要准确，同时原文所要表达的深层含义也要准确地传达。若在翻译中，只采用直译的方式而没有相应的商务知识做指导，就不能准确地表达出原文的意思，甚至与原文意思相悖而行。例如，在日常生活中，我们会把白酒直接翻译成"white wine"，从字面上来看，我们的翻译好像没有错误，但是在英语中，"wine"一般特指用水果为原料而酿造的酒，如apple wine等。当"wine"前没有任何修饰语时，它是指葡萄酒，因此，"white wine"从字面意思来看就是"白葡萄酒"。这样就使单词和表述的含义有所差别，从而出现错误。

三、交际翻译理论在商务英语翻译中应用的方向

（一）交际翻译理论在商务英语翻译中的直译应用

商务英语翻译一般分为直译、意译和转译三种方式。交际翻译理论在商务英语翻译中的应用并没有否定语义翻译在商务英语翻译中的地位，而交际翻译理论在直译中的应用也充分证明了这一点。商务英语翻译中的直译主要分为两种：一种是含义直译。含义直译是指根据原文文本的语法内容和词汇结构进行直接翻译，其中不进行特殊的调整。在很多词语上，中西方都达成了一定的共识，对词语的表达具有一致性。而另一种直译为发音直译，顾名思义，就是英语中有一些词语可以通过发音来翻译成中文，并且这些词语的应用范围也较为广泛。如"model"，可以直接被中文译为"模特"；"salon"可以直译为"沙龙"。这种翻译方式是一种较为普遍的现象。交际翻译理论的直译应用，简单易懂，很容易被双方国家接受。

（二）交际翻译理论在商务英语翻译中的意译应用

意译是指通过理解原文文本的内在含义，进行内容的形象表达，从而实现信息的传递。英语与汉语在很多表达方式上是相似的。如汉语中对某些事物或者动作使用比

喻的修辞方式，在英语中也经常会用到。对于采用比喻等修辞手法的英语，如果使用直译的方式，就不能达到很好的翻译效果，也会阻碍正常的沟通和交流。如"He was born with a silver spoon in his mouth."，对于这一句进行直译可以翻译成"他出生的时候嘴里含着银匙"。这样翻译很明显是不符合常理的，也不容易让人理解这句话的深层含义。而交际翻译理论的意译应用就可以通过比喻的手法进行联想从而让读者真正地体会到原文所要表达的含义。事实上，可以含着银匙出生的人说明他从出生起就比较富有。这样联想之后，就会达到很好的翻译效果。

（三）交际翻译理论在商务英语翻译中的转译应用

在商务英语翻译中，交际翻译理论的直译和意译的应用相对简单且浅显易懂，而转译需要翻译人员具有较强的专业技能和深厚的文化知识积累，只有这样才能把原文的含义表述得淋漓尽致。转译不能单单通过字面意思对原文进行翻译，而必须把原文所描述的事物转换成另外一种事物，并做出更多的调整，来实现双方文化的沟通和交流。相对于直译或者是意译，转译难度增加了很多。例如，紫禁城是中国具有代表性的历史文化遗产，同时也是著名的旅游胜地，深受中外游客的欢迎。紫禁城，在英语中被翻译成"Forbidden City"。这种翻译方式并不是直译，因为其中的"紫"没有被翻译出来。同时，它也不是意译，如果是意译，所表述的内容和文字的字面表述不应当有关联，而它恰恰是有关联的。因此，这个翻译所采用的是转译的方式，来彰显紫禁城的威严。

第二节　翻译策略在大学英语四级段落翻译中的应用

大学英语四级考试的翻译部分由单句汉译英调整为段落汉译英，对考生的能力要求更高。本节从考生需求出发分析了几种常用的翻译策略在这一题型中的应用。

一、直译与意译

对于直译和意译，我们很难说孰优孰劣。直译既忠实于原文内容，又符合原文的结构形式；意译在忠实于原文内容的前提下，摆脱原文结构的束缚，使译文符合目的语的规范。当然，直译不等于"死译"，意译也不等于"乱译"。在翻译的过程中我们往往需要把二者结合起来使用。

原文：很多年轻人想要通过旅行体验不同的文化、丰富知识、拓宽视野。

译文：Many young people want to experience different cultures, enrich their knowledge, and broaden their horizon through travel.

原文中三个动宾结构并列，结构整齐，在译文中也采用了同样的结构，既传达了原文的意思，又保留了原文的结构。

原文：该比例在所有核国家中居第30位，几乎是最低的。

译文：The proportion ranks 30th among all countries possessing nuclear energy, which is almost the lowest.

原文中"核国家"不采用直译而是意译为"countries possessing nuclear energy"，表达更规范。

二、词类转换法

英汉两种语言在语法、表达方式等方面存在着诸多差异，在词汇上也有不同的使用方式和习惯。为了使译文符合英语的表达习惯，我们需要灵活运用词类转换策略来完成翻译。

原文：大熊猫是一种温顺的动物，长着独特的黑白皮毛。

译文：The giant panda is a kind of docile animal with unique black and white fur.

相对于英语而言，汉语中的动词使用较为频繁，而且既没有人称和时态的变化，也没有谓语动词和非谓语动词之分。在翻译的时候我们需要根据英语的表达习惯将汉语中的动词转换成其他词类。在此例中，译文用"is"作为谓语动词，"长着"译为"with"，这样更符合英语表达习惯。

三、语态转换法

汉语句子重意义和功能，语法呈隐含性，它的语法标志如时态、语态、语气等都包含在句子中间，需要加以判断。而英语重形式，时态、语态、语气等都有明显的标志。

原文：中国南方大多种植水稻。

译文：Rice is grown in most areas of southern China.

原文中的主语虽然缺失但仍能表意，在汉译英的时候我们就需要注重形式。译文用"rice"作主语，符合英语表达习惯。

四、语序调整法

汉语中状语的位置较灵活，而英语较固定，一般置于句末。例如："中国其他地区的著名景点和历史名胜"译为"the famous scenic spots and historical resorts in other parts of China"。又如：

原文：在中外游客眼中，这个古镇被视为爱情和浪漫的天堂。

译文：This ancient town is regarded as the paradise of love and romance in the eyes of both Chinese and foreign visitors.

从动词的角度看，汉语按照动作的先后顺序叙事，英语则有所不同。

原文：中国结经过数百年不断的改进，已经成为一种优雅多彩的艺术和工艺。

译文：The Chinese knot has become an elegant and colorful art and craft over hundreds of years' improvement.

第三节　翻译文化传播中的互文翻译观及其应用

互文翻译观在翻译文化传播中贯穿着两条轴线，一条是作者和读者的轴线，另一条是此文本和其他文本的轴线。轴线上的双方并不是完全割裂的,而是在不断对话的。翻译后的作品具有独立性,也就是说,翻译者在翻译活动中的主观能动性得到了充分的肯定。近年来在翻译文化传播中互文翻译观的影响力日益增强,引起了广泛的思考和研究,让更多的人了解到国内外英语翻译和教学中的最新学术研究成果。

其中,2017年1月西安交通大学出版社出版的《英语翻译与教学创新研究》(张彬所著)就是一本以英语翻译与教学的前沿学术成果为基础,向读者展示国内外最新的英语翻译和英语教学发展状况,并根据中国英语学生和工作者的具体特征来探索英语翻译与教学之路的学术论著。全书共九章,论述较为全面,对英语的翻译研究、英汉语言对比中的翻译活动、英语翻译策略、英语术语翻译、英语翻译教学以及英语教学技巧等内容进行了系统化的阐释和说明,给予读者与时俱进的英语翻译与教学方面的研究思考。在此基础上,笔者就翻译文化传播中的互文翻译观进行了以下三个方面的思考:

一、互文翻译观的特征和意义

互文翻译观并不是两种语言在词汇和语法上的一一对应。在翻译教学中,对学生翻译能力的培养不仅要从字、词、句出发,还要从文本的意义和文化的内涵出发来更透彻地了解文本的意义和意图,从而在翻译中更好地表达出作者原本的意思和译者自我的思考。在现代翻译文化传播中,互文翻译观掀起了一股多重文化话语碰撞和融合的发展趋势,互文性翻译让原文本和翻译文本虽然身处相对独立的语言符号系统中,但是在文化意义上却紧密相连。这样的翻译文化传播背景对学生的英语学习提出了更高的要求。互文翻译观在翻译文化传播活动中表现出了跨文化传播的时代特性,相对传统的翻译有明显的优势,同时在英语翻译与教学中加入了对文化背景和思想内涵的深入思考,由此,在语言符号的翻译转换过程中一旦出现形式和内容相矛盾的时候,就优先保存翻译文本的原作意图和文化意义,从而保证英语翻译的准确性和文化的丰富性。

二、互文翻译观在翻译文化传播中的应用情况

在翻译文化传播中互文翻译观正在被广泛应用。在英语翻译教学中，教师开始尝试让学生在新媒体和互联网的帮助下进行发散思维训练，同时在翻译教学中注意文化与文化之间的动态关系和意图关联，让英语翻译兼具语言和文化上的精准性，以培养更符合现代跨文化翻译传播的优秀人才。在当前翻译文化传播中的互文翻译观影响下，我们越来越认识到语言与语言在开放性、动态化和意义系统上的异同。互文翻译观也为现在的开放式翻译教学提供了新的角度，为培养翻译人才创设了更加平等、民主的翻译文化氛围，激发了学生的想象力、创新力和发散思维。

三、互文翻译观在翻译文化传播中的应用策略

从教学模式上来说，互文翻译观要求我们以更加开放和主观的方式进行教学改革，在教师和学生之间、在英语原文本和翻译文本之间、在语言符号系统和语言文化系统之间形成开放性的翻译教学氛围。从教学内容上说，互文翻译观要求我们重视语言文化的教学，将文化教学和语言教学摆在同等重要的地位，在文本翻译中不仅要调动语言学知识，还要从中西方文化的异同上进行整体性的翻译，确保翻译文本仍然具有独立的文化意义和文本价值，能够为翻译传播中的受众所理解和接受。

以上就是笔者对翻译文化传播中的互文翻译观及其应用的几点思考，简要论述了互文翻译观的发展背景、应用情况和在英语翻译教学中的应用策略，对改进和推动当前英语翻译教学和翻译文化的传播发展起到了一定的积极作用。英语翻译是一个以翻译文化传播为基础背景的主动性创作活动，它有着很强的语言性质、文化性质和交际性质。总之，翻译文化传播中的互文翻译观是符合当前跨文化语言传播语境的，它有助于培养出更符合时代发展趋势和社会交际需求的复合型英语翻译人才。

第四节　商务英语中虚拟语气的翻译及应用

商务英语是当代英语的一个重要分支，是国际贸易中的通用语言。商务英语中的礼貌表达在商务活动中尤为重要，越来越受到学生的重视。国际贸易涵盖面非常广泛，包括金融、保险、合同、市场营销及对外贸易等，涉及权利和义务的方方面面，在运用商务英语时，要注重语言的严谨性和准确性。虚拟语气的恰当使用能够创造良好的商务环境，建立和谐的洽谈氛围，给对方留下举止得体的良好印象，从而加快双方之间贸易的进程，最终达成双方各自预期的理想目标。

一、虚拟语气的定义与用法

（一）虚拟语气的定义

英语中的语气是动词形式的一种，表示说话者对某一行为或发生的事情及其所处状态持有的态度和看法。英语中有三种语气：陈述语气、祈使语气和虚拟语气。虚拟语气是指说话者所表达的内容是与事实相反的假设或者实现的可能性极小，也可能只是一种主观愿望、请求、建议等。

（二）虚拟语气的用法

第一类，虚拟语气用在非真实条件句中，主句和从句的动词形式一般较为固定，具体分为以下几种：

（1）与现在情况相反的虚拟语气：表示与说话时的事实相反或根本不存在的情况。

例如：If I were you, I would take full use of the opportunity.（如果我是你，我会充分利用这个机会。）

（2）与过去情况相反的虚拟语气：表示与过去事实相反的情况。

例如：If the company had enough fund, it would not have gone bankrupt.（如果这家公司有足够的资金，它就不会倒闭了。事实是：当初由于资金不足，公司已经倒闭了。）

（3）与将来情况相反的虚拟语气：表示对未来情况的主观推测，此推测可能与事实相反或可能性极小。

例如：If it should be fine tomorrow, we would climb mountain.（如果明天天气好，我们就待在家里。）

第二类，虚拟语气用在主语从句中。由it做形式主语，句型为It is necessary/essential/important/significant/natural/advisable/vital/urgent/strange…that,谓语动词形式为"should+动词原形"。

例如：It is necessary that you should sign the contract in time.（你应该及时签好这项合同。）

第三类，虚拟语气用在表示建议、命令、请求的动词所接的宾语从句和名词所接的同位语中。这类词中有advise（advice）, propose（proposal）, suggest（suggestion）, order, ask, require（requirement）等。

例如：I suggest that we should hold a meeting next week.（我建议我们下星期应该举行会议。）

I make a proposal that we should get more people attend the conference.（我建议我们应该让更多的人参加会议。）

二、商务英语中虚拟语气的翻译原则

商务英语是人们在商务贸易往来中使用的一种英语文体，应用于各种国际商务工作及国际职场中。商务英语的恰当表达能够营造出和谐融洽的氛围，有助于双方达成协议。从某种程度上来说，商务英语实际上是商务背景下专业知识和语言的综合运用。专业化、口语化及实用性是商务英语最显著的特点。虚拟语气运用于商务英语时，要注重其本质特点，在翻译过程中要遵循以下原则：

（一）准确性原则

商务英语措辞严谨、规范，语言精练、准确，因此在翻译过程中要力求准确无误，对于含有虚拟语气的句式翻译也是如此，即要在正确理解原文的基础上，把握句子的语法结构，牢记虚拟语气的表达方式，正确把握虚拟语气的使用情况和语用功能。

例如：Should the sellers be unable to cover insurance and open L/C at once, the buyers' loss would be born by the sellers.（如果卖方不能及时保险和开具信用证，买方一切损失由卖方负责。）

首先可以判断，这是一个省略了if的虚拟条件句，由此可准确把握该句的语法结构。另外，还要注意"L/C（信用证）""the sellers（卖方）""the buyers（买方）""cover（保险）"这些专业词汇，要对这些专业词汇进行正确的翻译，才能将这句含有虚拟语气的句子准确无误地翻译出来。

（二）实用性原则

商务英语属于实用类文体，其表达的内容以及读者均具有很强的目的性，所以在文体方面不需要使用大量华丽的辞藻来增加写作的效果，一般只需简洁易懂的正式语体即可。写作中作者要明确自己的态度，切忌使用模棱两可的词汇，否则会影响最初表达的目的。

例如：在表达希望收到对方回信时的信函结尾处，常用的表达文体：

We would appreciate if you could send us your reply.（如能收到你方来信，我方将不胜感激。）

在长期的国际贸易交流中，一些实用、简洁的固定句型已经被外贸工作者广泛接受并使用，而过于生硬、复杂的书面文体交流会使对方感到不被尊重与重视。

（三）礼貌性原则

汉语中没有虚拟语气，所以在翻译含有虚拟语气的句子时，要注意礼貌性原则的使用，翻译后的句子语气要委婉含蓄，避免不必要的冲突和矛盾。

例如：We leave the insurance arrangement to you but we wish that you could have the goods covered against all risks.（保险事宜交由贵方安排，但希望贵方能为该货物保一切险。）

例句中采用了虚拟语气，使得商务洽谈中交易双方的语气大为缓和。在翻译的时候要顾及对方面子，采用礼貌含蓄的语言策略，从而实现预期交际效果，促成最终交易。

三、虚拟语气在商务英语中的应用

虚拟语气作为一种重要的修辞手段,广泛应用于商务函电、商务合同及商务谈判等形式中,有效地促进了商务活动的正常进行。

(一)虚拟语气在商务函电中的应用

在商务函电中,写信人提建议时若采用陈述语气,会显得过于肯定和绝对,从而使收信人产生反感甚至厌恶的情绪,而虚拟语气恰恰能使写信人的语气更加礼貌和客气,让收信人心理上容易接受写信人的观点,从而达到双方进一步交流的目的。因此,在商务函电中,常常通过使用虚拟语气来委婉表达建议与想法,谓语多用"should/would/could/might+do"的形式。

例如:①We would prefer an alternation of payment terms and a discount of 5% in your price.(我们希望选择一种支付方式并以贵方价格5%的折扣成交。)

②We prefer an alternation of payment terms and a discount of 5% in your price.(我们宁愿选择一种支付方式并以贵方价格5%的折扣成交。)

从以上例句可以看出,句型①使用了虚拟语气之后,语气明显比句型②显得委婉客气,从而能够达到更好的交流目的。

(二)虚拟语气在商务合同中的应用

商务合同是双方达成协议后所签订的一种具有法律效力的文本,其语言风格较为正式规范且准确严谨,虚拟语气的使用恰恰能缓解紧张严肃的气氛。

例1:①It is required that both parties should abide by the terms and conditions of the contract.(要求双方都应遵守该合同条款。)

②We require that both parties should abide by the terms and conditions of the contract.(我们要求双方都应遵守该合同条款。)

例2:①It is necessary that one party should inform another party in advance.(一方有必要提前通知另一方。)

②One party should inform another party in advance.(一方应该要提前通知另一方。)

以上两个例子，句型①使用了被动语态的虚拟语气，句型②使用的是主动语态的陈述语气。可以看出把主动句转化成含虚拟语气的被动句，既能准确表达提议，又容易使他人接受，而主动句会给人一种强制性的感觉。

（三）虚拟语气在商务谈判中的应用

在国际商务谈判中，不同国家之间的文化、宗教信仰及风俗习惯都有很大的差异，为了避免在交流过程中产生误会，常常会用到虚拟语气。

例如：If you could make a concession, we would order more commodities.（如果贵方能做出让步，我方将会订更多的货物。）

从以上例子可以看出，当谈判一方因各种因素不能接受对方所提出的条件时，如果采用生硬直白的拒绝会使谈判陷入僵局，并且可能会失去将来合作的机会，而采用虚拟语气这种比较委婉的表达方式能缓和紧张的气氛，有利于谈判的顺利进行。

商务英语因其实用性强的特点在商务活动中得到了广泛使用。在商务英语交流时使用虚拟语气不仅能缓和交谈气氛，而且能够促进人与人之间愉快、和谐的交流。有时出于应对多变的市场行情或者考虑到对方所在国的风俗习惯，运用虚拟语气可以使表达的内容含蓄委婉、有礼貌，还能让对方明白真实的意图。在使用商务英语时，要善于发现和分析其中礼貌的表达方式，掌握其特点以及在实践中的具体使用，这对于在商务活动中正确使用商务英语具有重要的现实意义。

第五节　暗喻在英语广告及翻译中的应用

经济全球化和市场国际化的不断发展，使得广告无处不在，并已经成为众多商家、企业和消费者了解商品信息的重要途径。要想在激烈的竞争中占据一席之地，必须充分地展现出产品的优势，而产品广告宣传是企业的首选。广告设计者需要调动一切语言资源，使消费者及他人对产品有深入的了解。英语广告也是如此，几乎运用了所有的修辞手段。本节从暗喻的修辞手法入手，探讨在英语广告中暗喻修辞的应用及其翻译方法。

一、英语广告的特点

（一）词汇特点

英语广告中的词汇丰富多彩，且富有感染力，并在力求简洁的同时不失个性。通常英语广告都会运用准确的词语来表达产品的信息，让读者一目了然，记忆深刻。比如："Just do it."（只管去做。）；"Good to the last drop."（滴滴香浓，意犹未尽。）

（二）语法特点

英语广告通常运用多种语法。以简单句为主，复合句较少；祈使句也经常使用，有时会使用省略句来增强广告宣传的效果。比如，简单句："Take time to indulge."（尽情享受吧！）；祈使句："Obey your thirst."（服从你的渴望。）；省略句："Always with you."（永远和你在一起。）

（三）修辞特点

运用修辞手法可以增强广告的创意与效果。广告语作为一种宣传性语言，经常会运用到各种各样的修辞手法，尤其是暗喻手法的运用，可增强广告语的语言气势，让其节奏感更强，有助于强调广告内容，使广告独具魅力。比如，"Ask for more！"（渴望无限。）；"Start ahead."（成功之路，从头开始。）

二、暗喻修辞在英语广告中的运用

暗喻是一种修辞手段。暗喻涉及两个事物，一个是完整的暗喻主体，一个是喻体。暗喻是一种语用现象，需要在特定的文化背景或上下文语境中使用。暗喻的基本的用法是通过表述某一事物的词或者词组来比喻另外一种事物。在英语广告中运用暗喻通常有如下方式：

（一）类比个性属性

类比个性属性就是联系一个事物的相关特点，对其进行类比，通过类比来突出产品的优越性。比如，"Toyota moves forward as your partner."（你的伙伴丰田与你一起前进。）。此广告中将丰田产品拟人化，比喻成为我们身边的伙伴。丰田汽车是本体，伙伴是喻体。将丰田汽车比喻成为伙伴，充分展示了丰田汽车对我们的重要性，广告含蓄地运用了暗喻来表示丰田汽车产品的卓越品质。在人们的生活中，伙伴是不可或缺的部分，在此广告中运用伙伴的属性来体现产品的优越性，向读者传递了"选购汽车，丰田是首选"的主张。又如，"Breakfast without orange juice is like a day without sunshine."（缺少橘汁的早餐就像缺少阳光的日子。）。此广告中"没有橘汁的早餐"是本体，"没有阳光的日子"是喻体，将没有橘汁的早餐比喻成为没有阳光的日子。广告中巧妙地运用比喻的修辞手法，表示了橘汁在早餐中的重要性。有阳光的日子是人人都喜欢的、渴望的，运用有阳光的日子将橘汁的重要性展现无遗，引导消费者认为橘汁是早餐首选，是必不可少的。

（二）凸显专长优势

突出某一事物的特点或优点，来展示广告产品的优越性，这也是暗喻常见的使用手法。例如，"Made in paradise."（天堂制造。）；"The taste of paradise."（天堂口味。）。以上两则广告都有一个相同之处，就是采用了价值暗喻的方法——充分借用"天堂"，把广告产品比喻成为与"天堂"一样的东西，体现出产品的无限价值。同时，利用人们对"天堂"的认知，将广告产品宣传得淋漓尽致。广告中运用"天堂"等字眼，意图通过暗喻提高产品的地位与价值，让更多的读者对产品产生好感，从而产生购买的欲望与诉求，最终达到广告的宣传效果。

三、英语广告的翻译方式

英语广告的翻译方式对广告效果有很大的影响，如果能够对英语广告进行巧妙的翻译，发挥出广告宣传语的奇妙效果，就是最佳的翻译方式。通常英语广告的翻译方式有直译、意译和活译三种，具体运用哪一种翻译方式，要根据不同的广告去选择。

（一）直译法

直译法是一种较为通用的英语广告翻译方法，就是把英语广告中的句子看作基本单位，逐字、逐句翻译，并根据广告的语境保留原来句子的结构及修辞手法，重现原文内容。直译法要求语言通俗易懂，能准确表达广告的意思。例如，"Our eyebrow pencils are as soft as petals."（我们的眉笔像花瓣一样柔和。）。这则广告运用了暗喻的修辞手段，通过想象把产品比喻成了柔软的花瓣，比喻恰当贴切，不知不觉让读者生出一份柔情，进而产生购买产品的欲望。

（二）意译法

意译法的初衷是让翻译更鲜活，更有韵味。在直译时无法体现出原广告的意蕴，呈现不出原文的意思与味道或者读起来别扭难懂，那么就需要译者改变原来的句子结构或者修辞手法，另外运用与原句意思相近的字词来表达，并重新组织、理顺，从而表达出原文的意蕴与精神。例如，"We are one of Americas, most sought after national consulting firms for one reason our technological edge..."（因为有先进的技术优势，我们才能成为美国最受欢迎的国家级咨询公司之一……。例句中的"edge"是一个名词，如果翻译成"边缘""尖锐"等，就会失去原有的灵动，不符合原文的意思，无法体现出咨询公司的优势。但如果翻译成"优势"则不但把咨询公司的优势展示出来，还传递出此公司的可靠之处。

（三）活译法

活译法是一种直译与意译相结合的一种翻译方法，两者相结合，能够将广告的意蕴传神地表达出来。活译法要在忠于原文的前提下，根据字、词、句子等来判断需要运用何种翻译方法。因为同一个词语在不同的广告中表达的意思可能是不一样的，所以运用的翻译方法会有所不同。因而，译者只有正确运用翻译方法才能确保翻译的准确性。例如，"Blessed by year round good weather, Spain is a magnet for sun worship and holiday makers."（蒙上帝保佑，西班牙四季如春，宛如一块磁铁，吸引着酷爱阳光、爱好度假的人们。）。例句采用了直译加意译的方法来处理此广告的翻译，将暗喻变为明喻，将西班牙的美好展现出来，吸引读者。而把西班牙比喻成为磁场，意思就是西班牙有很大的吸引力，能够吸引众多的游客前去旅游。通过阅读这条广告，人们也易萌发去西班牙旅游的想法。

广告翻译讲究的是语言艺术、形式艺术和修辞艺术。广告翻译的效果如何，不仅取决于修辞手段的奇妙作用，还取决于翻译得精准与否。暗喻修辞手段用得生动形象、巧妙，会令人难忘。因此，译者在翻译英语广告时要充分了解广告内容，在了解的基础上选择恰当的翻译方法再现原广告的语言特点，发挥广告的魅力。

第六节　英汉对比在大学英语写作和翻译教学中的应用

大学英语教学受课时所限，大多以"综合英语"课程教学为主，多采取语篇讲解的方式，而英语翻译和写作教学常流于形式，使得学生语言输出困难并且汉式英语现象严重。英语写作和英汉互译是大学生必须掌握的重要语言技能，但是英语写作和翻译能力的提高却是大学英语教学中的难点。"英汉语言对比研究侧重于展现英汉两种语言的共时对比分析，旨在寻找、描述并解释英汉语言的异同，尤其是不同之处和特殊之处，并将研究的结果应用于有关领域"。本节从英汉对比研究的角度研究英语词汇教学、句法教学、语法教学和语篇教学，以期切实提高学生的英语写作和翻译水平。

一、英语词汇

从英汉对比的角度研究英语词汇教学，主要通过对比英汉词汇在构成形态、语义关系和文化方面的差异来指导英语词汇教学。

（一）构成形态

总的来说，英语通过词形变化表达词性和语法关系，而汉语则通过虚词或语境来进行表达。进行英语写作时,学生往往在英语单词的词性上犯错误。例如,"他就像我人生中的一盏明灯",大量学生造句如下:"He likes a light in my life.",忽视了like意为"像……",是介词,翻译时应当使用系表结构。正确的表述应该是"He is like a light in my life."。再如,"古人将狮子视作勇敢和力量的化身",很多学生将"勇敢"翻译成"brave"或"bravery",这都是错误的。正确的译法应该是"Ancient people regarded the lion as a symbol of braveness and strength.",brave是形容词,bravery是学生造出来的错词。

另外,英语词汇包括大量的前缀和后缀。英语中的一缀多义和一义多缀,不仅规模大、数量多,而且种类齐全,而汉语则较少。如,汉语的"超"在英文中可有以下前缀:super-,over-,hyper-,ultra-,sur-,extra-。因此,在英语词汇教学中教师应指导学生正确地掌握英语的词缀,从而有效提高词汇的学习效率。

(二)语义关系

从英汉对比研究的角度,英汉词语的语义关系包括:对应、近似、并行、包孕、交叉、替换、空缺以及冲突。英汉语义的差异包括:贬褒、宽窄、新旧、感情色彩、民族风韵、国情特色以及语用背景。例如,opera这个单词指代的是源于西方的歌剧,中国的京剧源于北京,与西方的歌剧虽有相似之处但差别较大,两者的语义关系属于交叉,由此京剧可翻译成"Beijing opera"。英语中的play基本上等同于中国的话剧,两者语义关系属于近似。英语rice可以概括汉语中的"米、稻、谷、米饭",temple可以概括汉语中的"庙宇、寺院、圣堂、神殿、教堂",这两种语义关系均属于包孕。这些语义关系在简易词典或电子词典中往往得不到充分反映,所以教师应要求学生养成查阅朗文或牛津高阶英汉双解词典的习惯。

(三)文化差异

词汇不仅表达词义,更是文化的载体。在跨文化交际日益深入的二十一世纪,大学英语教学中文化词汇的教学尤显重要。如affair一词除了有"事情""事务"的意思,还有"与配偶以外的人发生的性关系"的意思,尤其当该词出现在"have an affair with sb."的句型中时,应谨慎使用。学生表达"恋人、爱人"的意思时,喜欢使用"lover"一词,殊不知lover意指"(婚外恋的)伴侣,情人(通常指男性)",和它对应的词是mistress,"情妇"的意思,而英语中常用"love"表示"恋人、爱人"的意思。教师在教学中应强调英语词汇的文化内涵，为学生以后跨文化交际的顺利开展做好准备。

二、英语句法教学

（一）英语主谓句和汉语的话题句

英语的句子常为主谓结构，每个句子都有（逻辑）主语和（逻辑）谓语，两者不可或缺。乔姆斯基的转换生成语法把句子基本生成规则归结为："S（sentence）=NP（noun phrase）+VP（verb phrase）"。而汉语大都是"话题（topic）+说明（comment）"的结构，以话题为中心，然后说明和话题有关的事。

学生在英语写作和翻译中最突出的一个问题就是主语缺失或主谓搭配不正确。例如，"没有调查，就没有发言权"，这是汉语中典型的"无主句"或"话题句"，在用英语表达时必须增加虚主语："He who makes no investigation has no right to speak." "房间够4到10个家庭的差不多20口人住"，很多学生翻译成："The room can live about twenty people from four to ten families."，这是典型的汉语思维，不符合英语的表达习惯。正确的表达方式应该是："The room is big enough for about twenty people from four to ten families to live."或者"The room can accommodate about twenty people from four to ten families."。

因此，在英语写作和翻译教学中，教师应引导学生掌握句子的内在联系并正确断句，从而实现汉语话题句和英语主谓句的准确转换。

（二）英语的"形合法"和汉语的"意合法"

王力最早提出了英汉句式"形合"和"意合"的差异，简而言之，英语的"形合"是指英语句子之间的逻辑关系是通过关联词等语言形式手段进行体现，汉语的"意合"是指汉语句子之间的逻辑关系是通过语境来体现。汉语的连接手段往往表现为隐性连接，而英语的连接手段往往表现为显性连接。因此，在英语写作和英汉翻译教学中，应该注意两者之间的相互转换，尤其是在进行汉语的诗词和成语的翻译时，应尽量避免汉式英语或英式汉语。

以下两句汉译英中，斜体标出的为补充的英语连接词。

她不老实，我不能信任她。*Because* she is not honest, I can't trust her.

人不犯我，我不犯人。We will not attack *unless* we are attacked.

再如以下的汉语诗句翻译：

横看成岭侧成峰。If you look at the mountain from its front, it looks like a whole range, but if you look at it from its side, it looks like a single peak.

这句汉诗的英译中，我们根据英语的表达习惯增加了连词if、but，虚拟主语you、it，宾语the mountain和it。

（三）英语被动句和汉语主动句

被动语态是英语中比较常见的语法现象和表达习惯，尤其在信息类文体和科普性文体中。汉语写作中常用意义被动式而很少使用结构被动式。学生在英语写作和翻译练习时，被动语态不恰当的缺省也是一个突出问题，尤其是不同时态被动语态的使用。

以下汉译英中，斜体标出的为不同时态的汉语意义被动式向英语形式被动式的转换。

这个小男孩在放学回家的路上受了伤。

The little boy *was hurt* on his way home from school.

门锁好了。

The door *has been locked up*.

新教材在印刷中。

New textbooks *are being printed*.

三、英语语篇教学

（一）替换与重复

汉语喜欢重复，或是为了强调，或是为了平衡朗读节奏。英语反感重复，力求行文简洁。在英语写作和汉译英时，应尽量避免重复，以便符合英语的用语习惯。

如：这是革命的春天，这是人民的春天，这是科学的春天！让我们张开双臂，热烈拥抱这个春天吧！

Let us stretch out our arms to embrace the spring, which is one of the revolution, of the people and of science.

（二）形合与意合

前文中提到的汉语和英语在造句上意合的差异，同样存在于语篇中。汉语多用隐性的语篇连接词，相比之下，英语的语篇连接多为显性。在英语写作教学中，要强调英语关联词的正确使用，以便行文通畅。汉译英时，应该首先梳理出原文中最重要的信息，将其装入主句，而将原文中的次要信息装入从句或短语，并添加形式连接词。

如：达尔文一生多病，不能多做工，每天只能做一点钟的工作。你们看他的成绩！每天花一点时间看10页有用的书，每年可看3600多页书，30年可读11万页书。——胡适《不要抛弃学问》

译文如下：

Charles Darwin could only work one hour a day due to ill health. Yet what a remarkable man he was! If you spend one hour a day reading ten pages of a book, you can finish more than 3,600 pages a year, and 110,000 pages in thirty years. （张培基，译）

（三）直线形与螺旋式

总体看来，英汉语篇呈现直线形与螺旋式的逻辑特点。在英语写作教学中，要引导学生注重主题句的明确设定，通常将其置于段首。英译汉时要引导学生破句重组，化繁为简；汉译英时常常要化简为繁，组合成复合句或长句。

如：While Huxley is right, of course, that the elements released during the combustion of coal return to the environment, an enormous number of Victorians would have experienced that return in the form of blackened skies, soot-covered buildings, filthy waterways and streets, and respiratory ailments directly attributable to the toxic atmosphere.

赫胥黎认为，煤在燃烧过程中产生的排放物会返回到环境中，这一观点当然是正确的。然而，维多利亚时代的许多人对这种返回的体会则是：生活在布满阴霾的天空下、被熏黑的建筑里以及肮脏的水沟和街道上，而且在这种有毒的大气中生活还会直接让人罹患呼吸道疾病。

以上汉语译文将原文中的复合句的主从句重组为两句，通过增加连词"然而"体现逻辑关系，并且将原句中冗长的形式状语重组为译文中的表语，通过使用冒号加以突出，实现了化繁为简。

本节主要从构词、语法、句法和篇章四个层面对比研究了英汉两种语言的差异以及其对英语写作和翻译的影响,并提出了可行的教学应对策略,为大学英语教学提供了新思路和新方法,有助于改善传统大学英语教学重语言输入、轻语言输出的现状,切实提高大学英语写作和翻译教学质量,从而满足我国经济发展和国际交流的需要。

第七节 大学英语翻译教学中语境理论的应用

随着我国经济水平的不断发展,对外开放的程度大幅度增加,与国外的交流日益增多。英语作为一种国际通用语言,就显得尤为重要。大学英语教学中的翻译教学也越来越被重视。本节针对现阶段大学英语翻译教学现状,简要分析了语境的定义及特点,并简要研究了语境与翻译的关系以及语境对英语翻译的重要性,最后为大学英语翻译教学提出了理论性的指导。

一、英语中语境的概述

（一）语境的概念

语境即为语言环境,指的是通过一定的语言环境来揭示一些概念在相对关系下的定义。一部分概念在独立的情况下是没有意义的。在给某一概念下定义时,应将它放在特定的语言环境中,通过揭示一定的关系而下定义。相对概念是指相互对应与相互关联的概念,想要了解其中的一个概念,就必须了解另一个概念。因此,不能用同一个相对概念去定义另一个与它相对的概念。

（二）语境的特点

语境存在着五个特点,即广泛性、层次性、封闭性、动态性、确定性。广泛性体现在语境是无限的,存在于任何语言交际当中,所有影响交际的因素都可以称为语境。

层次性体现在任何语境都包含着一个或者更多较小的语境,也都存在于一个或者更多较大的语境中。封闭性体现在一定的语言环境、文化背景和交际的人群等都限定了语境的使用范围。动态性体现在语境不是固定的模式,是在交际过程中不断被修改的,交际的主要因素也在不断改变。确定性体现在具体的交际语境、交际者的主动性都会对交际造成一定的影响。

二、语境在大学英语翻译中的重要作用

(一)语境影响着英语翻译的质量

首先,语境存在于一切人际交际过程中,语境的使用要发生在具体的环境中。许多学生在实际的翻译中发现,单纯地翻译单词有时候并不能表达出原文的意思,甚至会改变原文的概念。这是因为在英语翻译过程中,语言的意思只能在它所属的生活语境中被理解。其次,影响语境的因素还包括社会生活环境、文化背景和心理态度等。在英语翻译中语境不仅影响着对原文的理解,还制约着对原文意思的表达。最后,在翻译时要紧密联系文章上下文,对文章意思进行整体考虑。可以说,语境在英语翻译中起着至关重要的作用。

(二)语境理论有助于提高学生的综合能力

英语翻译涉及对文章的理解和表达,这要求学生有一定的理解力和表达能力。要培养学生的英语翻译能力需要对学生进行翻译理论的讲授及翻译技巧的训练,还要提升学生听、说、读、写等各个方面的能力。语境理论的应用能有效提高学生的综合能力,学生通过对语境的了解,在英语阅读翻译时就会从多方面考虑,不再单一地进行英语翻译。大量的单词和语法训练,也可巩固英语基础知识。因此,教师在教学过程中应格外注重学生综合语言能力的培养,提高学生的总体水平。同时,在英语翻译中运用语境理论,既要保证学生对文章内容的理解,又要更新教学方法,加强汉译英的讲解,展开不同篇章的翻译,这样才能不断提高学生的英语翻译能力。

随着世界全球化的不断发展,跨文化交际已经成为这个时代必不可少的一部分,而翻译在跨文化交际中有着重要地位。目前在大学生的英语学习中,还有很多需要解决的问题。在这样的环境下,学生不能简单地依靠某个单词的意思来判断整篇文章的

意思，而应该考虑文章的具体语境，这在英语翻译中是十分重要的。

第八节 建构主义理论在大学英语翻译教学中的应用

随着多媒体、互联网以及终身教育理念的普及，很多教师开始从心理学角度着手进行翻译教学的改革，而以建构主义为中心的理论对于我国翻译教学的改革有着重要的指导意义，并成为人们突破传统教学法的关键手段，多名研究者纷纷研究建构主义理论，并在具体的翻译教学中应用了建构主义理论，发现了其中的优势和不足。

一、建构主义理论的内涵

建构主义的思想经过了多位思想家的丰富与完善，其中具有代表性的有皮亚杰、维果斯基以及布鲁纳等。皮亚杰和布鲁纳以认知观点为核心思想，解释了个体在与知识结构的碰撞中会产生一种内化认知结果；维果斯基通过文化与历史发展理论的介绍，对建构主义的发展做出了重要贡献，其主张也成为了建构主义学习理论发展的基础。建构主义学习理论是三大学习理论之一。这一理论的精髓是学生主观能动性的发挥，强调在教学过程中还原学生的自主性。学习不是靠教师的讲授，而是靠学生自身的探索，学生要在学习中充分发挥自身的主观能动性去探索属于自身的知识，并在积极的学习中学会各种探索的手段，形成主动构建知识框架的能力。建构主义理论强调锻炼学生分析问题、解决问题以及思考问题的思维能力，主张打破教师主导的课堂形式，给学生带来全新的自主学习模式。一方面，建构主义学习理论并不强调理论的形成性，认为对于知识的学习，课本以及教师的讲述仅仅是给学生一个正确的知识引导，而真正的学习是学生通过思考与探索，建构属于自己的知识，也就是说学习是一个内在心理建构的过程，是学生通过主观世界的认识，对知识进行重新理解，并完成知识重构的过程，并不是简单地将外界的知识通过记忆输入学生的大脑。这样的学习过程能够创造新的知识理解方式，对于知识的创新也具有重要的作用。另一方面，建构主义学习理论对于知识也有了全新的理解和定义。以往的课本、文字以及图片不再是固定不变的知识,知识的范围被大大地扩大,同时,对于知识的理解往往是根据学生自身的背景和学习能力来确定,也就是说同一个知识,不同的学生学习会有不同的收获,并且学生自身的认识决定了学习的方向。

二、建构主义理论在英语翻译教学中的应用

(一)在提升学生学习兴趣上的应用

1.以学生为中心的教育模式

教师在整个翻译教学过程中是辅助的角色。学生作为翻译的主体,在掌握词汇、语法以及语音等基础知识的前提下,独立地完成翻译学习。教师在适当的时候进行引导,促进学生更快地掌握翻译的方法。这样以学生为中心的建构主义教学模式对于学生学习兴趣的培养发挥着重要作用。

2.情景与意境的巧妙结合

翻译要充分把握语境,通常在一句常见的翻译中就能够看出联系具体情境的重要性,如"Rivers provide good sources of hydro power.",很多人容易翻译出"河流可以提供好的水力资源",但是实际的意思却是"河流具有丰富的水力资源"。因此要注重对英语翻译情境的营造,让学生能够结合具体场景进行准确的翻译,这样才能够充分提高学生的学习效率和学习兴趣。

(二)在中西方文化契合上的应用

翻译教学应注重学生对各国不同文化的了解,将文化作为翻译的基石。让学生在翻译时尽量考虑到各国之间的文化差异,从而达到"信、达、雅"的翻译要求。基于文化的翻译更有利于文化的传播和交流,同时对于翻译人才的培养也具有重要的作用。

(三)在文学审美上的应用

文学是没有国界的,在翻译教学中要强调文学的美感,这样才能够发挥翻译教学的魅力,对于翻译人才的培养也具有很好的效果。翻译是一种语言的交流,翻译时既

要充分考虑到原作者的意图,还要翻译出能够令人感动的语句,比如傅雷在翻译的《夏洛外传》的卷首语中写道:"夏洛既然曾经予以我真切的感动,一定亦会予以人同样的感动。"很显然原文不是这样写的,但是傅雷能够将自身的情感倾注于翻译之中,而且加入了一些中文的文学表达方式,对于原作品的诠释非常到位。这样来说翻译教学中强调文学审美,有助于提高翻译教学的质量。

（四）在统筹全文思想上的应用

英语翻译并不是只就一句话进行翻译,而是要综合整个文章的主题思想。就像中文中存在的个别字的理解一样,很多英文词汇在一个大的语言环境中也会改变原来的意义。因此,只有统筹全文思想,才能够对作者意图有一个充分的把握。

通过以上的分析可以发现,建构主义教学理论能够有效地促进学生的自主性,是一种教育模式的创新。在这种全新的教育模式中,学生能够独立地解决问题。但是,建构主义并不是万能的,只有充分把握建构主义理论的优势,才能不断促进英语人才的综合性发展。这样一来,建构主义在大学英语翻译教学中也会发挥更大的价值。

三、建构主义在英语翻译中的应用误区及解决方法

（一）应用误区

在大学英语翻译教学中,建构主义的应用也存在着很多不足。建构主义注重对学生思想的解放,而对于学生主动性地放任,也容易使学生陷入一些学习的误区。翻译是一门艺术,具有创造性,但是一旦放任自流也会产生很多不利的后果。比如翻译"If you do not leave, I will in life and death.",许多学生易将这句话的意思误认为是"如果你不离开我,我就跟你同归于尽",但这句话真实的意思却是"你若不离不弃,我必生死相依"。从这里可以看出,若对于学生的创造力过分放纵,可能会导致翻译过程笑料频出,这也是当前建构主义教学中存在的一个主要问题。

（二）解决方法

针对建构主义教学中存在的问题,教师应该积极引导学生树立正确的翻译观,同

时在教学过程中充分地发挥教师的指导作用。此外学生之间应该相互合作，可进行小组讨论，综合所有人的观点，最终给出一个相对来说比较完美的翻译，这样更有利于学生翻译水平的提高。

（三）未来前景

大学英语受应试教育的影响，对于大学英语人才的考核往往建立在学习成绩的基础上，教学质量受到挑战，人才培养的社会适应性受到质疑。建构主义教育理论赋予了大学英语翻译教学新的活力，其认为，教育应该是一种动态的、持续的过程，不应该是一种静态的固定过程。教育考核和评价应该是建立在改良教学手段和提高教学质量的基础上，而建构主义理论指导下的综合评价机制，有助于促进翻译教学更好地发展。美国心理学家布鲁姆曾经指出："评价要能够改良学生的学习机制，并能够提高学生学习的能力。"也就是说，建构主义理论指导下的综合评价机制有利于学生的成长，并且能够大大地削减应试教育的影响，真正实现学生的自主发展。

在当今社会对翻译人才的需求越来越大的情况下，英语翻译教学应成为当下大学英语人才培养的重点。教师应该积极地探索建构主义理论，发挥其在大学英语翻译教学中的作用，赋予学生充分的主动性，并积极克服建构主义理论中存在的弊端，建构以学生为中心的翻译教学课程，将建构主义理论的优势发挥到最大。

第九节　微课在大学英语翻译教学中的应用

科技的发展带动了教育方式的革新。一种好的教学方法可以使得教学效率事半功倍，因此我们从未停止过对新的教学方法的尝试与创新。微课产生于信息化背景下，是基于网络课堂的一种全新的教学形式，经过长期的实践探索，在各个学科取得了较大成绩，但是目前对大学英语翻译课堂中微课的研究相对较少。文章基于此，结合笔者教学实践，探讨微课在大学英语翻译教学中的应用。

一、微课概述及特点分析

微课是微视频课程的简称,翻译自英文"Micro-Lecture",其雏形源于美国爱荷华大学Le Roy A. McGrew教授所提出的60秒课程(60-Second Course)和英国纳皮尔大学T.P.Kee所提出的一分钟演讲(The One Minute Lecture)。目前广泛讨论的微课概念是由美国新墨西哥州圣胡安学院的高级教学设计师、学院在线服务经理David Penrose于2008年提出的。Penrose认为在相应的作业与讨论的支持下,微型的知识脉冲(Knowledge Burst)能够获得与传统的长时间授课相同的效果。目前国内对微课并没有一个统一的概念界定,但基本含义大体一致:微课是以阐释某一知识点为目标,以微型教学视频为主要载体,针对某个学科的某个知识点或教学环节而设计开发的一种情景化、数字化学习资源。

微课最重要的特点便是短小精悍,一段微课视频多围绕一个问题进行深入的分析。在互联网平台上,教师可以随时上传资料,学生则可以随时根据自己的学习情况查缺补漏。随着时间的不断积累,微课逐渐系统化、全面化,为学生学习提供更大的便利。

二、微课在大学英语翻译教学中的可行性分析

大学英语翻译教学是大学英语教学的一个核心组成部分,也是完善当今大学生英语综合能力的基础。微课作为一种全新的教学模式,在大学英语翻译教学中的应用有一定的可行性与必要性。

(一)从学生角度分析

学生是教学的主要参与者,教学的目的是为学生服务,让学生掌握更多的知识。翻译是英语综合能力的一种体现,不仅需要学生掌握一些翻译技巧,而且需要有一定的语法、单词量基础。微课作为一种较新的教学方式,其比较典型的特点便是语境的呈现,这种呈现方式有利于学生的学习。这是因为,当今学生个性化特征明显,他们对互联网有着极大的热情,对传统教学方式有着不同程度的排斥心理,微课可以有效地弥补这个不足,不仅可以满足学生课堂学习的需要,而且为学生课下学习提供了更

好的平台。

（二）从微课本身而言

微课短小精悍，教师只需将课堂的知识点进行具体化，搭配翻译语境或者实例，制作成短视频上传到网络，这种呈现方式可以更好地为学生提供学习的机会，不会占用太多的时间，而且重点突出，对于重点知识的掌握有极大的帮助。微课还有着明显的便捷性，学生不用带着厚厚的资料翻看，只需要在不懂的时候进入微课平台，根据自己的情况进行关键词检索，便可获得所需的学习资源。

（三）从教学过程来看

微课进一步细化了教学过程，学生可以根据微课内容进行课前预习，教师则可以根据学生的掌握情况进行进一步指导；课后如果学生有什么不懂的地方还可以主动借助微课查缺补漏，教师则可以搭配微课与实时聊天工具与学生进行实时沟通，最终使翻译课堂不断融入学生的生活，甚至变成一种生活方式。微课鲜活的教学方式还可以打破传统枯燥的课堂教学环境，丰富课堂教学内容，激发学生学习的积极性，教师也可以借助微课有条不紊地展开课堂教学。

三、微课在大学英语翻译教学中的应用及优化

正如前文所述，为了提高大学英语翻译教学质量，提升学生的学习兴趣，同时将现代信息技术与教学巧妙融合，有必要在大学英语翻译教学中融入微课教学。

（一）课堂教学中灵活运用微课

微课以鲜活的视频资料以及生动的讲述方式得名，微课可以作为课堂教学的重要工具，在英语翻译课堂的教学导入、重点难点讲解、课后拓展等方面获得有效使用。在枯燥的课堂中，微课的融入不仅可以在短时间内调动学生的积极性，而且能够突出课堂重点，让学生在潜移默化中巩固知识。

（1）复习旧知识。英语翻译课堂是由不同的知识点构架而成的，知识点的掌握需要反复的练习。教师可以通过微课制作，在课前五分钟进行旧知识的回顾，特别是

上一节课的重点、难点的巩固。

（2）导入新课程。翻译课堂知识点多，课堂教学生硬，学生兴趣不高，教师可以在课前制作好新颖的课堂导入微课视频，在课堂开始之前让学生观看，并带着疑问去学习、探索，同时让学生大体了解与把握本节课的教学内容，这样会取得事半功倍的效果。

（3）新知的理解。英语翻译教学中，涉及的专业知识较多，加上学生语言、语境方面的障碍，有时对于新知识理解起来非常困难。这时候如果搭配一定的微课资料，将英语的语言特点、语境分析视频化，学生就会一目了然。

（4）拓展训练。在教学的最终环节，教师应当根据学生的个人能力与知识掌握情况进行分层次的拓展训练，这显然是传统的单一作业布置方式所无法达到的效果。通过微课视频，教师可引导学生在具体语境下进行翻译练习，总结规律，同时练习英语听说能力。

（二）学生自主学习中微课的融入

在手机、互联网普及的大背景下，人们可以随时随地上网，特别是在美国萨尔曼·可汗的可汗学院模式的影响下，微课开始在教学中普遍使用，且一度受到学生的追捧。近几年，科技的发展将微课的制作难度不断降低，大部分教师都可以自主制作一些微课课程，学生则可以随时随地地学习。

1.把握学生的自主学习规律

当今的大学生更加喜欢灵活、自主的学习方式，而传统的教学模式时间长，且必须在课堂内完成，在课下也必须抱着字典自己琢磨。在微课的设计中，教师应当注重短小精湛且重难点突出，一节微课不需要统观全局，仅仅需要围绕一个具体的知识点，让学生在自主学习中积少成多，同时也不会有太大的课外压力。

2.注重学生灵活的学习方式

教师完成微课的制作后，可以将微课资料上传至多个平台，同时为学生提供整套微课资料的下载服务，从而让学生可以根据自己的需要进行学习。对于英语翻译教学，教师可以上传一个电影片段的语境分析、一篇美文的解读与分析，等等。

3.注重不同层次学生的需求

在传统的课堂教学中，教师很难面面俱到地照顾所有学生的学习需求，而微课可以有效弥补这个不足,一个短视频就是一个知识点,教师可在平台上将微课资源进行分门别类的放置,学生在课下可根据自己的掌握情况有选择性地温习,这也是对课堂教学的一种有效补充。

4.注重长时间的系统化积累

网络资源有永久性特征,优质的微课资料会有意想不到的教学效果,教师除了制作一些精良的微课视频外,也应当注重知识的系统化,从而便于学生进行系统复习与总结。随着时间的积累,这些微课视频也将成为宝贵的教学资料。

英语翻译教学离不开信息技术的支撑,传统的教育方式已经无法满足人们对于知识探索的需求,教师在教学中应当不断尝试新的办法,借助互联网将翻译课堂教学更加生动化、形象化、系统化。可以说,微课教学在英语翻译课堂中的应用,是未来教育发展的必然,但是其不断地发展壮大需要更多的教育工作者的融入。笔者相信微课教学在不久的将来一定会在英语翻译教学中大放异彩。

第十节　翻转课堂在大学英语翻译教学中的应用

翻转课堂采用先学后教的教学模式,转换了教师与学生的位置,充分体现了学生的主体地位,符合大学英语翻译教学的发展需求,具有很强的现实意义。本节分析了在大学英语翻译教学中实施翻转课堂带来的变化与可行性,同时提出了翻转课堂面临的问题与对策。

一、翻转课堂的含义

翻转课堂是一种以学生充当主体地位的教学模式。具体是指,在课堂教学之前,学生自行学习课件或教学视频;在课堂上,学生分享自己的收获与问题,教师组织学生个人展示或小组讨论等。在课堂上,为了促进学生知识的掌握和消化,教师可以针对普遍存在的问题进行答疑解惑,提升教学效果。翻转课堂模式在大学英语翻译教学中的应用，颠覆了传统的教师和学生在课堂中的地位，教师不再是教学的主体，而是指导学生学习的导师，而学生则是学习的主体，充当学习的组织者，翻转课堂教学模式增加了学生之间的互动，促进了师生间的交流。

二、翻转课堂带来的变化

（一）教师与学生地位的变化

翻转课堂带来了学生与教师地位的颠覆性变化。在传统课堂中，教师占据课堂的主体地位，学生在教师的讲解下学习新知。在翻转课堂中，教师不再是主要的授课者，不再一直进行讲解，更多的是学生自己进行探究，由此将课堂主动权回归学生。

（二）教学形式与内容的变化

在传统课堂中，教师在课堂上讲解具体知识，然后布置作业，让学生在课后进一步理解、巩固课堂内容；实施翻转课堂后，学习的过程发生在课前，而课堂时间则成为探究的时间，由教师进行答疑解惑，教学的形式发生了很大的变化，学生自主学习能力得到了很好的锻炼和培养。实施翻转课堂后，课堂上问题探究和答疑解惑的过程取代了教师对知识进行讲授的过程，教师在课堂上只是对学生的表现进行点评，并对学生难以理解的地方进行答疑解惑，实现了教学内容的变化。

（三）课程考核方式的变化

传统课程的考核方式通常是考试，方式单一，考核结果也比较片面，无法全面考核学生的整体学习效果。这种将一切考核都放在最后进行的模式，往往使学生在临近考试的时候才开始学习，不利于教师对于学生学习过程中学习成果的检验和反馈。而翻转课堂可以呈现出多方式和多角度的考核方式，将考核分散在学生的整个学习过程中，从而可以多方面考查学生的学习成果，包括学生的基本翻译能力、组织能力和批判思维能力，考核结果也更加全面。

三、实施翻转课堂的可行性

（一）实施翻转课堂有很强的现实意义

翻转课堂采用先学后教的教学模式。学生利用信息技术设备，在上课前进行知识的自主学习，而把课程知识的应用与探究放在课堂上。学生在课前进行学习时，对于课件或教学视频中的难点可以反复观看进行理解，有疑问的地方也可以记录下来在课堂上向教师提出，或者直接在网上向教师提问，从而让教师有针对性地备课。课堂上教师除了对难点进行答疑解惑之外，也会组织学生进行知识分享和小组讨论等互动活动，增加了师生间的沟通，也提高了学生在课堂中的参与度，促进了英语教学效果的提升。

（二）翻转课堂符合英语翻译教学的特点

英语翻译课程具有很强的实践性，学生只有在大量的实践中才能逐渐积累翻译的技巧和经验，从而提高翻译能力。如果仅靠课堂短暂的教学时间很难促进学生翻译能力的提升。目前的翻译教学主要教授具体的翻译技巧和应对问题的具体翻译方案，仍然保持着传统课堂中的直线型教学模式，完全以教师为中心。这种教学模式难以提高学生的综合能力，无法满足市场需求。实施翻转课堂后，教师可以利用课堂时间组织学生进行英语翻译练习，学生就可以获得大量的翻译实践机会，从而逐渐积累翻译技巧和经验，提高翻译能力。因此，翻转课堂教学模式符合英语翻译教学的特点。

（三）教学环境符合实施翻转课堂的要求

随着信息技术的发展和普及，目前绝大多数高校的教室都有无线网络，学校内普遍配有计算机室，智能手机和笔记本电脑等电子设备也已经在学生中得到普及，目前的教学环境已基本达到实施翻转课堂的要求。同时随着信息技术的迅速发展，网络上的英语教学资源也会更加丰富，学生课前除了可以学习教师录制的微课程，还可以访问英文学习网站、阅读英文小说或者观看英文电影，教学内容十分丰富。除此之外，随着时代的发展，英语翻译教学必须做出改变，去努力接受各种新知识的介入，而翻转课堂的教学模式给英语翻译教学增加了新的教学媒介和信息来源。

四、实施翻转课堂面临的问题与对策

（一）当前教师教学技能的提升

实施翻转课堂对教师的教学技能有着更高的要求。首先，教师需要改变传统的教学观念，适应翻转课堂带来的角色变化。其次，教师需要熟练运用信息技术手段，制作各种微课视频并进行上传，并且能通过网络与学生进行沟通。最后，教师需要结合自身的英语翻译教学实践，将授课内容进行模块式的切分，从而形成翻译基础理论、翻译数据库、翻译技巧等一系列知识点，便于学生自主学习，教师需要缜密思考哪些内容可以用于微课的制作，同时思考这些教学内容如何通过微课进行呈现：即采取什么样的形式。这些是有较高技术难度的。但如果微课吸引不了学生的注意力，那么微课也难以获得好的教学效果。因此，可以说，制作微课是一种技术，而设计微课是一种艺术。由此，要实现翻转课堂模式在大学英语翻译教学中的应用需要教师努力提升教学技能，同时提高微课的制作和处理能力。

（二）学生学习能力的培养

学生从高中步入大学经历了很长的英语学习时间，也有了一定的英语水平，但是由于英语翻译在中学阶段涉及得比较少，学生的翻译水平差距很大，甚至有些基础较差的学生对于基本句子的翻译都存在问题，而另外一些基础比较好的学生却能够很好地完成段落篇章的翻译。学生在进行英语翻译的学习时，由于英语基础的不同也会呈现出不同的学习态度，有的同学有很大的兴趣，能够融会贯通，很好地理解和把握翻译知识，学习效果也比较理想；但是也有很多同学只对自己的专业课感兴趣，对于英语翻译课程兴趣不足，经常出现逃课的现象，更谈不上自主学习。

翻转课堂需要学生进行自主学习，一旦学生学习不够自觉，未能完成课前对于微课的学习，就无法进行后续的教学。因此，在大学英语翻译教学中应用翻转课堂模式的同时需要建立与之配套的学生考核模式，综合考核学生的课前自主学习、课上探究活动及课后复习的全过程，采用多方式和多角度的考核方式，将考核分散在学生的整个学习过程中，从而可以多方面地考查学生的学习成果。这种考核模式的建立需要学校多部门的促成，并需要教师在教学中进行反馈，不断完善。

（三）课件与教学视频的制作

在翻转课堂教学模式中，课前学习的内容来自教师制作的课件或微课视频。这些内容需要做到难易适度，突出教学内容，而且形式新颖活泼，还要附带相应的学习任务，引导学生学习，这就对微课的教学内容的选择和形式的确定提出了很高的要求。首先，微课一定要对"微"的特点有所体现，整个微课学习时间要控制在15分钟以内，确保不会超过学生注意力集中的时间范围。为了达到微课之"微"的目标，教师在录制微课前需要准备好必备的材料，同时也要考虑微课中语言的表达，力求简练、清楚。在制作之前可以把要说的每句话提前写出来并进行整理浓缩。其次，微课虽然是基于英语翻译的教学内容进行安排，但是并不等于传统课堂教学内容的压缩包，而是将知识点独立出来供学生学习，例如可以单独讲解什么是英语翻译的归化与异化、英语翻译的标准以及翻译中的增词法和减词法等。再次，微课设计需要有明确的教学目标，让学生清楚地认识到自己通过微课能学到什么，从而提高微课的教学效果。最后，教师进行微课的设计时需要匠心独运，认真考虑如何通过微课来激发学生的学习兴趣。若微课只是对传统知识进行灌输的新包装，必然会影响学生学习的积极性，教师可以充分借助图片、音乐、动画等多媒体手段直观地再现知识，也可以将一段趣味视频引入到学习的情境中来。对于微课的录制，也要解决好技术问题，保证微课的画面和声音清晰。

翻转课堂模式在大学英语翻译教学中的应用，颠覆了传统的教师和学生在课堂中的地位，增加了学生之间以及教师同学生之间的互动，促进了师生间的交流，具有很强的现实意义。在这种教学模式下，课前知识的讲授能够有效解决课堂教学时限的问题，拓展了教学时间，同时让学生能够有充足的思考时间；课堂上的合作探究式的学习模式能够有效地提高学生的沟通能力和表达能力，也有利于学生思辨能力的培养；课后知识的巩固与拓展也可以帮助学生及时消化课堂教学内容，为下一阶段的学习做好准备。

翻转课堂模式在大学英语翻译教学中的应用是一种有意义的尝试和探索。这种教学模式改变了英语翻译课传统的授课方式，对教师和学生的角色进行了翻转，使学生学习的积极性、主动性、创造性和独立性得到了更好的发挥，培养了学生自主学习的能力。除此之外，这种模式也提高了英语翻译教学的质量和效果，有效提升了学生的英语翻译能力，使学生能够满足社会对翻译人才的需求。

第十一节　讲理式教学法在英语翻译实践中的应用

一、讲理式教学法的概念

教育界一直以来就有"教无定法,学无定法,贵在得法"的教育理念。在知识更新速度十分快速的情况下,运用怎样的教学法让学生掌握大量的知识,是一个重要的研究议题。

教学的过程也是向学生讲理的过程。"讲"顾名思义是指说、谈,是把事情和道理说出来。"理"指物质本身的纹路、层次;客观事物的规律;是非得失的标准、根据等。讲理是指将事物的内在规律和做人做事的标准原则说出来,让人折服,以理服人。

因此,讲理式教学法即在教学过程中,通过揭示知识的内在规律和总结解决问题的办法来使学生掌握学习的方法,并内化为自己的能力,使学生不仅知其然还要知其所以然。

二、讲理式教学法的渊源

讲理式教学法源自杜威倡导的"从做中学",旨在强调学生在"做"的过程中体会出蕴涵在知识中的道理。这也是对讲理式教学法中的"理"的重视。讲"理"的方式有很多种,本节主要探讨的是学生实践和探索这一方式。

三、讲理式教学法在英语翻译实践中的应用及步骤

首先,教师闻道在先,知其所以然,明其理是应用讲理式教学法的前提。学生需要一碗水,教师就必须有一桶水,甚至是一条流动的河或者是浩瀚的海洋。目前,教

学中存在"照本宣科""填鸭式""灌输式"等问题的原因，就是教师不懂"理"，不知"理"，或者是没有恰当的教学方法。其实归根到底，是教师没有让学生明白所讲的"理"，没有让学生将知识进行内化，而是让其陷入死记硬背、生搬硬套、题海战术的恶性循环中，不能灵活地运用所学知识。

其次，教师知识渊博，想象力丰富，能活化知识，培植学生的求知欲望是应用讲理式教学法的必要条件。教师需要把知识的"理"揭开，理清知识点的来龙去脉，找到学生新知识的生长点，从而让学生对所学知识产生共鸣。

再次，讲理式教学法中的"理"是广义的，不但指事物内在的发展规律，还包括解决问题的方式方法。教师不但要帮助学生掌握并内化事物的规律和本质特征，还要教给学生解决问题的方法，就是"授人以渔"。如对于英语翻译实践课，教师在开始本门课程之前，要吃透所有重点，明确在什么时间、什么课堂气氛的情况下抛出要解决的教学重点、难点，让学生在自然而然中掌握所学的"理"。在授课前，教师量化出所涉及的知识重点、难点，找出学生知识的生长点，并体现在导学案中，让学生去预热知识点；在课堂教学中，学生就能与教师产生心灵的共鸣，使学生的学习成为一种快乐的事情。

最后，讲理式教学法是为了让学生同意教师所讲的"理"，教师必须有以事实真相为依据的判断和观点，同时能够结合讲故事、举例子、吟诗作对、旁征博引、反问排比、比较对比、实验尝试等方式，进行深入浅出、化难为易、化抽象为具体的输出。教师教学的过程就像自己在表演自己导演的剧本，因此教师必须有充沛的情感和明确的立场，才有讲理的冲动。这要求教师在教学过程中，发音准确、措辞精当、条理清晰、情真意切、生动有趣以及富有激情等。讲理式教学法也是表达学科情感的一种方式，没有这个情感，也讲不好"理"，也就无法更好地驾驭讲理式教学法。

总之，讲理式教学法的运用是教学的一个境界，并不是进行简单的说教，而是需要灵活掌握多种教学原则，游刃有余地驾驭每一堂课，从而达到开智明理的目的。

第四章 大学英语翻译教学的创新模式

第一节 数字化时代英语翻译教学新模式

语言作为人类交流最重要的工具，其在社会经济发展过程中发挥着极为重要的作用。由于数字化时代下的传统英语翻译教学已经无法满足社会经济发展的需要，因此必须加强英语翻译教学模式改革与创新的力度，建立符合数字化时代发展要求的英语翻译教学模式，才能促进英语翻译教学效率与质量的稳步提升。本节主要就数字化英语翻译教学的新模式进行分析与探讨。

一、构建数字化翻译教学的平台

由于传统英语翻译教学已经无法满足数字化时代对英语翻译教学所提出的要求，所以必须加强现有翻译教学手段改革与创新的力度，冲破传统教学手段对英语翻译教学的限制，促进英语翻译教学效率的全面提升。充分发挥数字化时代的优势构建数字化的英语翻译教学平台，为英语翻译教学的顺利进行奠定良好的基础。由于数字化翻译辅助教学平台的构建涉及多方面的内容，且必须在计算机、互联网环境下进行，因此学校必须根据教学的要求在采购翻译软件的同时，加强与社会企业合作的力度，定期组织学生进入翻译公司实习或者观摩，以便学生迅速地掌握翻译软件的使用方法。另外，教师必须在教学过程中引导学生学会使用网络翻译工具，以达到促进学生翻译能力稳步提升的目的。由于大多数领域的专有名称翻译都已经发展为固定的模式，因此快速、准确地完成文章的翻译是数字化时代对翻译人员所提出的最基本的要求。

二、构建翻译教学互动平台

相较于传统的英语翻译教学模式,数字化时代下的翻译教学模式最大的特点就是,增强了教师与学生之间的交流与互动。数字化时代下的英语翻译教学冲破了时间和空间对英语翻译教学的限制,同时教师在教学过程中可充分利用网络社交软件,建立实时的教学平台,为英语翻译教学的顺利进行奠定了良好的基础。此外,教师还可以利用网络交流平台发布自己无法翻译的内容,以便于寻求专业人士和专家的帮助。数字化时代下的互动翻译教学平台的建立,不仅实现了信息资源的共享,而且促进了学生学习积极性与主观能动性的不断提升,增强了师生之间的协作力度,为翻译教学的顺利进行奠定了良好的基础。

三、翻译作业的布置

在传统的英语翻译教学模式下,翻译作业的布置必须严格按照以下流程进行:教师根据教学要求向学生布置翻译作业,学生完成作业后由教师批改并进行讲评。而数字化时代下,教师布置作业主要依靠网络辅助教学平台,这一方式可以充分激发学生的学习积极性和主动性,有助于学生团队协作精神的不断提升。同时这种开放式的作业布置模式还可以加强学校与翻译公司的合作力度,如承接翻译公司的翻译业务等,教师可引导学生根据自己的学习兴趣选择自己擅长的领域,完成教师所布置的翻译作业。学生在完成教师布置的翻译作业后,教师按照翻译公司的要求进行检查和质量把关,及时纠正学生在作业完成过程中存在的问题,促进学生翻译能力与水平的全面提升,为学生日后走上工作岗位奠定良好的基础。

四、翻译测试的多样化与市场化

传统英语翻译教学模式下的测试方法主要是考试。这种单一的测试方式的主要目的是检测学生的语言积累与双语转换能力。通常情况下学生在翻译材料时往往只能依靠自身的记忆能力。而在数字化时代,翻译教学的测试方法和内容灵活多样。随着计算机辅助翻译教学平台的建立,学生可以根据实际情况决定测试的时间。在测试的过程中学生可充分利用自己日常学习过程中建立的小型资料库和相关专业术语,借助复杂翻译软件以及网络工具,顺利地完成测试。学生在测试过程中如果遇到问题也可以通过网络向专业人士寻求帮助,而教师则根据相关的评价标准对学生的测试成绩做出客观、公正的评价即可。

总之,为了促进数字化时代下英语翻译教学效率与质量的全面提升,必须加强翻译教学教材内容、教学方法、测试方法等方面改革与创新的力度,从而确保翻译教学工作的顺利进行。

第二节 "交互式"英语翻译教学模式建构

随着社会经济的发展以及素质教育政策的实施与开展,为了使学生的综合素质水平以及主观能动性得到有效提高,需要探讨一些新的教学方法,使学生将来能够更好地投身于社会主义经济建设活动中,继而为国家社会主义经济建设做出卓越贡献。交互式英语翻译教学模式对学生综合素质的提高有着极其深远的影响。在这种教学模式下,学生的英语综合成绩得到显著提高,大大提高了英语翻译教学质量与教学水平。因此,以下将交互式英语翻译教学模式的建构进行分析与介绍,以供参考。

一、交互式教学模式概述

(一)对传统教学模式的反思

翻译的过程是将一种语言翻译为另一种语言的过程,在这个过程中学生的思维会发生转换。因此,翻译教学不仅培养了学生的语言应用能力,而且培养了学生的思维能力。一般情况下,学生想要具备很好的英语翻译能力,则需要具备一定的第一语言能力和第二语言能力,同时,还需要具备一定的超语言能力,其中,超语言能力就是将第一语言与第二语言之间进行转换的能力,英语翻译教学活动是培养学生语言转换能力的最佳途径。在翻译教学活动中，教师需要传授学生各种翻译策略与技巧，使学生更好地养成语言转换的能力。在传统的英语翻译教学活动中，教师只注重翻译教学的成效，却忽视了对学生思维能力的培养，一般情况下，传统的翻译教学模式的具体操作流程如下：首先由教师讲解一些英语翻译理论知识，然后布置一些与翻译有关的练习，使得学生在不断的练习中巩固与掌握翻译技巧。这种教学模式不仅不利于学生综合素质能力以及主观能动性的培养，而且还严重阻碍教学质量与教学水平的提高。因此，有必要反思与分析传统翻译教学模式中的不足、缺陷以及探讨新的教学模式。

（二）根据建构主义学习理论而得出的新教学模式

交互式英语翻译教学模式是根据建构主义学习理论而得出的新教学模式。建构主义学习理论认为："个体需要根据自身经验来对客观事物进行主观理解与意义建构。"因此，在英语翻译教学活动中，需要以注重学习过程为教学核心，杜绝知识的简单传授。由此可以看出，建构主义学习理论对英语翻译教学活动的启示有以下几点内容：首先，学生在英语翻译教学活动中占据着主体地位，而教师是传授知识的主体，所以，教师需要通过总结成功的教学方法将英语翻译知识以及技巧传授给学生，使得学生能够针对翻译知识以及技巧进行建构，最终内化为自身的一种能力。其次，学生的学习是一种分析问题、解决问题的过程，所以，在英语翻译教学活动中，教师需要以培养学生的自主分析与解决问题能力为教学重点，使得学生能够对身边的事物进行仔细观察与分析，从而找出其中存在的问题，并且针对这些问题探索有效的解决措施，这种能力的培养无论是对学生的未来发展，还是对学生综合素质能力的提高均具有十分重要的意义。最后，学习是一项互动的活动，无论是教师与学生之间的互动，还是学生与学生之间的互动，这种互动行为不仅能够有效加速学生知识与技能的构建进程，而且消除了学生学习的紧张心理。

（三）根据交互式语言教学法的启发而得出的新教学模式

美国圣弗朗西斯科大学语言学院院长提出了交互式语言教学方法。根据相关实践报告这种语言教学方法取得了良好的教学效果，并得以在多个国家广泛应用。这种教学方法主要以语言习得和教学理论为基础，强调教师需要结合学生的个性需求以及特点而采取有效的教学方法，以激发学生的学习兴趣，同时使学生与教师之间形成良性互动，从而建构生动的教学氛围。在英语翻译教学活动中，这种方法能够使学生自觉了解与掌握翻译知识与技能，进而有效提高学生的英语综合水平。

二、探讨英语翻译教学活动中的"交互式"教学模式

通过上述内容可以了解到，在英语翻译教学活动中实施交互式教学模式，不仅是由翻译课程的特点决定的，而且是由学生的个性化需求决定的。这种教学模式使得学生在轻松、生动的教学环境中自主学习英语翻译知识与技巧，让学生在潜移默化中提升英语综合能力。

本节将英语翻译教学活动中应用到交互式教学模式的相关依据进行了分析与介绍，并且将英语翻译教学活动中的"交互式"教学模式进行了综合阐述，有助于培养学生的英语翻译能力。另外，希望本节的叙述能够为相关研究者以及教育同人提供一定的参考借鉴，继而全面提高我国学生的英语翻译能力，使学生未来更好地参与到社会主义经济建设活动中。

第三节 "互联网+"环境下的大学英语翻译教学模式

如今随着经济全球化的快速发展，英语作为全球通用的语言之一，在国与国之间的经济贸易中发挥着十分重要的作用。现阶段我国社会对于翻译人才的需求很大，可是大部分高校培养出来的翻译人才难以满足社会对英语翻译人才的要求，这就需要创新高校英语翻译教学模式，使大学英语教学水平得以提升。

一、"互联网+"背景下的大学英语翻译模式创新策略

（一）优化大学英语翻译课程体系

若是想要创新大学英语翻译教学模式，首先就要优化大学英语翻译课程体系，教师可以向学校申请开设英语翻译选修课，或者不定时地举办英语翻译讲座和英语翻译竞赛，帮助学生培养对英语翻译的学习兴趣，提高学生的英语翻译实践水平。同时高校也要不断地更新大学英语翻译课程体系，使大学英语翻译教学紧跟时代脚步，满足时代要求。

（二）引导学生学会自主学习

作为新时代的教育工作者，教师要培养学生具有获取英语翻译相关知识的信息搜集能力和筛选能力，帮助学生学会自主学习。自主学习能力对于学生一生的发展是有着积极意义的。教师对学生的帮助是有限的，只有自主学习能力才能够让学生在一生当中不断成长。教师受以往的传统教学方式的影响把自己作为课堂教学的主体，但是现在随着素质教育和新课改的不断深化，学生的自主学习能力越来越受到重视。互联网拓宽了学生获取知识的渠道，各种翻译工具和网络课程也能够帮助学生进行课外的自主学习，使学生对英语翻译基础知识的获取不仅局限于课堂，为学生的自学习提供了便利。

（三）创新英语教学创新机制

教师可以通过多媒体设备播放英文原声电影，让学生在英文电影氛围的熏陶里全方面地了解英语翻译。教师可以同学生一起观看电影，当电影中出现经典台词时，教师可暂停电影进行翻译的讲解，将精妙的翻译原则和技巧告知学生，提高学生的书面翻译能力和口头翻译能力。也可以播放英语原声的演讲片段，让学生当堂翻译这些演讲片段并感受英语演讲中的一些经典句子。

（四）通过微课搭建英语翻译实践平台

教师可以通过开发微课资源打破学生进行英语翻译学习的时间和空间的限制，为

学生提供更多的英语翻译实践机会,帮助学生提高英语翻译能力。

(五)借助报刊提高翻译能力

为了帮助学生拓宽文化视野,增加学生的词汇量,教师可以有选择性地引导学生阅读一些比较知名的英美报刊。这些报刊中的用词比较规范,词汇的复现率比较高,可以锻炼学生对新词的内化能力,帮助学生记忆一些固定的句型,对提高学生的翻译水平有极大的促进作用。同时这些英美报刊主题比较广泛,内容涉及多个领域,学生可以根据自己的专业需求掌握专业的翻译理论和技巧。此外,学生也可以利用这些报刊构建自己专属的语料库。

(六)培养中西方文化差异意识

教师可以筛选出具有鲜明英语语言特色的影视短片或文章,引导学生直观地感受中西文化的差异。学生必须熟知中英两种语言思维方式的差异,才能在翻译的过程中进行妥善的措辞和造句,避免出现具有汉语思维的英语翻译。若是有条件的话,教师还可以带领学生去以英语为母语的地方真实地体验当地的思维和文化,培养学生的跨文化意识,为学生能够顺利翻译打下坚实的基础。

二、打造新的英语翻译教学模式

目前有一种全新的英语翻译教学模式引发了大部分教育工作者的思考,这种模式被称为翻译工作坊,即教师通过布置任务,采用小组合作的方式,引导学生在课堂中完成各种各样的学习任务,通过这种方式可以提高学生的合作意识和英语综合素质。

(一)创设情境

教师可以带领学生模拟未来的工作环境,把教室用课桌分成几个工作区域,每个小组占据一个区域并配备工作电脑,在电脑中安装好辅助的翻译软件和多媒体软件,在仿真的工作环境中教师可以模拟学生的上级,定期验收学生的翻译作业,与学生进行讨论交流,让学生汇报翻译的成果。

（二）导入任务

教师要给学生分配任务，让学生独自或者通过合作去解决实际的翻译问题。教师在分配任务的时候要像学生日后工作的上级一样做出必要的指示和指导，帮助学生明确背景和翻译风格，事先指出翻译中可能遇到的问题，确保学生能够成功地完成翻译任务。为了节省课堂时间，翻译任务可以在课前通过电子邮件或者微信群提前布置。翻译任务的内容最好是应用型文体，比如竞标标书和商务合同等，最好可以用到翻译公司的真实材料，这样既可以帮助学生熟悉应用型的翻译文本，又能满足市场对翻译人才的要求。

（三）完成任务

为了了解不同文本的写作模式，学生可以参考相关的学术网站，用词必须准确、易懂。学生在完成任务的过程中可以通过小组合作讨论，也可以充分发挥自主学习能力对译文进行修改和完善，最终由小组内部投票选出合格的译文。在遣词造句方面要突出应用性和专业性，比如在进行药品说明书的翻译时，可以利用电子词典或者翻译软件进行专业术语的翻译，这样可以准确地表达说明书中想要表达的内容。学生若是在翻译的过程中遇到了困难，可以在微信群中向教师寻求帮助或是参考网上的类似表达，经过小组讨论之后得出更为满意的译文。为了追求翻译工作的真实性，可以把翻译公司里的操作流程照搬到课堂中来，学生也可以进行角色扮演，如扮演客户、项目经理、翻译员等角色，处理翻译公司中可能遇到的各项业务，比如修订合同、分派任务、译文起草、编辑排版、定稿交付等，这些角色扮演也可以让学生学习到如何真实地处理翻译公司事务。

（四）反馈与评估

教师对学生的译文进行验收之后，可以展示几组译文让全班同学一起评析，让学生自行讨论这些译文的优缺点并评选出最佳译文，学生的期末成绩也可以由这些任务决定。教师可以对学生在翻译工作坊内的表现进行综合评价，甚至还可以通过扮演客户对委托项目进行评价，并把这些评价作为学生期末测试成绩的一个参考，在提高学生翻译实践能力和实效性的同时培养学生的职业素养。

第四节 合作学习理论下的大学英语翻译教学模式

本节从合作学习的定义和理论基础出发,探讨了合作学习在大学英语翻译教学中应用的必要性,阐述了合作学习在大学英语翻译教学中具体应用的三个阶段:合作翻译前的准备阶段、合作翻译中的管理阶段以及合作翻译后的评价阶段。

一、研究背景

教育部颁发的《大学英语课程教学要求》已经明确将翻译、听力、口语、阅读和写作列为非英语专业大学生应该掌握的五大英语技能,并对不同水平和层次学生所应该达到的翻译能力提出了具体要求。但是,大多数大学英语教师并不重视学生翻译能力的培养,翻译教学的素材多为英语精读课上的课文或是课后的句子翻译练习,采用的教学方法仍然是传统的语法翻译教学法,主要目的是考查学生对课文大意的理解以及复习、巩固文中所学的词汇、短语和句子结构,几乎没有翻译技巧方面的相关教学,学生的翻译能力无法得到有效提高。

随着当今社会对翻译人才要求的不断提高,以教师为中心的语法翻译教学法已经无法满足市场对复合型翻译人才的需求。鉴于合作学习在治疗传统教学中"以教师为中心"这一"顽疾"方面的显著作用。本节以培养和提高非英语专业学生的翻译能力为落脚点,探讨了合作学习理论在大学英语翻译教学中应用的必要性和具体的教学模式。

二、合作学习理论概述

(一)合作学习的定义

合作学习兴起于20世纪70年代初的美国,并在之后的一段时间获得了实质性发展,成为一种较为完善的教学理论与策略体系。合作学习以教育学、现代社会心理学和认知心理学等为理论基础,以小组活动为基本的教学方式,以完成共同的学习任务为教学目标。在具体教学中,各小组成员之间责任、分工清晰明确,通过合作性学习完成共同的任务。由于最终以小组为单位进行成绩评价,合作学习将学生的个人利益和小组的集体利益紧密结合在一起,有助于培养学生的合作精神和积极认真的学习态度,同时也有助于培养学生探索、发现问题和分析、解决问题的能力,为以后培养高素质的应用型人才打下了良好的基础。

(二)合作学习的相关理论基础

1.建构主义学习理论

建构主义理论强调以学生为中心,认为学习是学生主动建构内在知识体系的过程。在这一过程中,学生并不是机械地记忆外界知识,而是以已经具备的经验和知识为基础,通过主动对外界知识进行选择加工来获取和建构新的知识。建构主义学习理论的教学主张可归纳为以下四点:①教学要以学生为中心,着重强调学生的主体作用;②基于实际情境的知识具有生动性、丰富性等特点,教学中应该尽可能构建真实的学习情境;③重视共同协作学习,强调学生之间相互讨论和相互学习的积极作用;④教学中要重视教学环境的设计,尽量为学生提供丰富的学习资源。

2.最近发展区理论

最近发展区理论是由维果茨基提出的,他将儿童的心理发展划分为实际发展水平和潜在发展水平。实际发展水平是儿童现阶段真实的心理发展水平,而潜在发展水平则是儿童在别人帮助或与同伴合作下所能达到的心理发展水平。实际发展水平与潜在发展水平之间的差距就是最近发展区。具体到外语教学中,最近发展区指的是学生现阶段英语水平与通过教师或同学帮助后所能达到英语水平之间的差距。当不同学生在彼此的最近发展区内进行合作学习时,会取得远高于学生独自学习的效果。因此,不同水平的学生可以通过合作学习取长补短,相互帮助,共同提高学习质量。

综上所述,合作学习理论以建构主义学习理论和最近发展区理论为基础,对教学过程中教师和学生的地位进行了重新界定。教师不再是课堂的主体,而学生才是课堂的主体,在合作学习中,学生不是被动地接受知识,而是在教师或其他同学的帮助下主动去构建新知识。

三、合作学习在大学英语翻译教学中应用的必要性

从目前的大学英语课堂教学来看,翻译教学的地位并没有得到足够的重视。尽管现在的大学英语教材每个单元课后都有单句翻译练习,但这些翻译练习实际上是一种造句练习,目的是检查学生能否熟练运用课文中所学的词汇或语法知识,与真实翻译任务的要求相差甚远,根本无法有效培养学生的翻译能力。

自2013年12月起,全国大学英语四、六级考试委员会已经对四、六级考试的试卷构成和考试题型进行了调整。其中翻译的试卷比重由5%提升到了15%,题型由单句汉译英调整为段落汉译英,翻译内容涉及中国的文化、经济、历史、教育和社会等多个方面。在这种形势下,如果继续因循守旧,采用语法翻译教学,就会导致学生在翻译过程中逐字、逐句地过度直译,不利于培养学生在真实语境中的翻译能力,因此,必须尽快转变大学英语翻译教学模式,将合作学习应用到大学英语翻译教学中,调动学生翻译学习的积极主动性,让学生在小组合作翻译中逐步提高翻译能力。

四、合作学习在大学英语翻译教学中的具体应用

合作学习在大学英语翻译教学中的具体应用主要包括以下三个阶段:合作翻译前的准备阶段、合作翻译中的管理阶段以及合作翻译后的评价阶段。

(一)合作翻译前的准备阶段

这一阶段主要包括小组分组、任务确定和翻译相关知识讲解。在小组合作开展翻译任务前,教师首先需要根据学生的性别、英语水平、学习风格等进行合理的分组;然后教师需要广泛收集材料,确定合适的翻译素材,设计具体的翻译任务;最后,在翻译任务开始之前,教师还需在课堂上抽出一定的时间提前对翻译素材中的重点以及难点进行讲解,排除学生在翻译文本特征、翻译技巧等方面的难题,为接下来的小组合作翻译指明方向。

（二）合作翻译中的管理阶段

这一阶段学生需要合作完成共同的翻译任务，教师主要负责推动和管理整个合作翻译的过程，并在必要时提供帮助。

学生的翻译过程包括小组成员独立翻译及小组讨论两个方面。拿到翻译任务后，小组成员可以通过讨论来加深对翻译素材的理解，之后，小组成员可以依靠自己所掌握的语言知识和翻译方法去独立完成翻译。在翻译过程中，学生可以适当地借助字典查找个别术语的对应译文，也可以向小组成员或教师求助翻译中的部分难点，但是总体上必须独立完成翻译任务，不能过度依赖小组成员或教师。

在小组成员分别独立完成翻译任务后，小组可以就译文展开讨论。小组成员可以从选词、句型、语法等方面进行交流，互相学习，取长补短。同时，针对大家在翻译过程中遇到的困难进行探讨，并将翻译时的具体思路和采取的翻译技巧记录在翻译笔记上，最终在小组合作的基础上给出大家都认可的译文。

（三）合作翻译后的评价阶段

评价在合作学习中的作用十分重要，有效的评价能够激发和提高学生学习的兴趣。合作学习中的评价包括小组互评和教师评价两个方面。

评价工作首先应在各个小组之间进行，在完成翻译任务后，各小组可以相互批阅译文，学习对方译文的出彩之处，并对对方译文的不足之处提出相应的修改意见。小组互评完成后，各小组以PPT的方式在全班汇报最终译文，并对翻译过程中的具体思路和翻译技巧等进行解释说明。在每个小组汇报之后，教师一定要对学生的译文进行合理的评价，要不吝于赞美学生译文的精彩之处，但也不能无视学生译文中的错误，要给出建设性的修改意见，引导学生去发现翻译的规律，总结相应的翻译方法和技巧，最终提高翻译能力。最后，教师和学生要共同对各个小组的译文进行评分，对于优胜的小组要给予一定的奖励，激励学生翻译学习的动力。

综上所述，合作学习有助于改变以教师为中心的传统大学英语翻译教学模式的种种弊端，真正实现以学生为中心的大学英语课堂。通过将合作学习应用到大学英语翻译教学中，学生以小组为单位完成翻译任务，在翻译过程中学生既可以独立进行翻译练习，又可以通过互相讨论学习如何翻译，在合作中逐渐提高翻译能力。

第五节　基于语料库的大学英语翻译教学模式

本节主要研究基于语料库的大学英语翻译教学模式,分析语料库在大学英语翻译教学中的应用价值,并提出语料库在翻译教学中的应用策略,旨在降低学生单词学习压力的同时迅速提升学生的翻译能力。

一、语料库在大学英语翻译教学中的应用价值

近年来,国家在英语翻译人才方面的缺口很大,各行各业都需要专业性强、综合素质高的高级翻译人才,而英语专业学生对其他行业内专业英语的掌握程度往往不如本专业学生,缺乏其他专业知识背景。因此,翻译人才的培养不应该局限于英语专业,同时也应该培养掌握核心专业知识的翻译人才,以适应社会与市场对专业英语翻译的需求。这里的专业并非英语专业,而是指其他行业,如建工、机械等。这些行业的英文翻译有着很强的专业性,要求翻译人员在具备基本翻译能力的同时掌握十分深入的行业知识。专业翻译人才的培养不能仅仅依靠英语专业,培养其他专业学生的翻译能力也是十分必要的。

基于语料库的大学英语翻译教学就是一种普适性的英语翻译教学方法,不仅仅局限于英语专业,对其他专业学生也同样适用。学生在经过教师的演示与指导之后,能够借助语料库,更加全面、详细地了解英语与汉语的特点、差异以及不同译文在句子结构、语言风格和词汇运用方面的差异,学生能够自发或者在小组帮助下及时发现相关翻译问题,从而快速提高翻译能力。

二、基于语料库的大学英语翻译教学方法

（一）教学思路

应用语料库的大学英语翻译教学采用数据驱动的教学方式，符合建构主义教学模式的基本要求，因此基于语料库的翻译教学要将建构主义思想充分发挥出来，改变传统的教学理念。教师充分应用语料库，为学生展示应用语料库进行翻译学习的便利，向学生传授语料库的使用方法，开展必要的培训，鼓励学生自主应用语料库，解决实际翻译问题，并认真进行分析、总结。教师可以组织学生组成学习小组，在教师的协助与引导下，逐渐积累翻译知识，不断巩固翻译认知结构。

（二）在词语搭配教学中的应用

词语搭配是语料库语言学的中心，在大学英语教学中，词汇的学习、应用和搭配也是重点内容，但是在实际的教学过程中却存在着教学方法相对单一的问题，很多教师都只在对词汇的基本含义进行讲解之后向学生介绍一些相关的搭配方式，这些搭配可能是一些约定俗成或者来自字典的用法，虽然不会存在语法方面的错误，但是在翻译工作中使用可能导致不地道、过于形式化的问题，不利于进行准确、恰当的沟通。

如教师在讲解adapt to和be adapted to这两个短语的搭配时，可以让学生使用语言库进行相关句子的检索，出现类似如下结果。

（1）He tried hard to adapt himself to the new conditions.

（2）He has not yet adapted to the climate.

（3）Failure of big companies is adapted to changing circumstances is one of the fundamental puzzles of business world.

在这几句例句中，学生通过阅读和翻译就能够感受到这两个短语之间的不同，adapt to是adapt这个词的及物动词的用法，一般为adapt oneself to，表示适应、改变；而be adapted to是adapt这个词的不及物动词的用法，表示被动地适应。对检索结果的分析和理解，有效锻炼了学生的观察能力、分析能力和语言能力，同时通过对词语搭配的深入研究，学生能够了解词汇搭配的基本逻辑规律。

（三）基于语言频率的词汇教学

语料库凭借其强大的统计能力，能够十分直观地为使用者提供语言词汇的应用频率。通过对词汇出现的频率进行分级，词汇可以分为最常用、常用、不常用等几类。虽然这样的统计结构是机械的，但是对于翻译教学来说，可以使用语言频率找寻高频、高价值词汇，能够在短期内通过对高价值词汇的教学，让学生迅速掌握80%左右的普通文本表达和翻译的能力。语言库中存在着大量的语言素材，教师通过对单词的检索，能够了解单词在语言素材中出现的频率，分辨高频词汇和低频词汇。一般来说，出现频率最高的前4000个词汇占整个语言文本的86.8%，而前2000个词汇组成的语句占据全部语言文本的80%，这部分高频词往往都有着词长度小，语言表达基础、日常的特点，是价值最大的一部分词汇，经常出现在词表顶端。从心理学角度上讲，基于顶端的词汇更容易被人记住，一定程度上对学生掌握高频词有很大的帮助。通过对语言频率的应用，教师能够优化教学中的词汇结构，让学生在拥有较少的词汇量的同时也能掌握非常大的普通文本的表达和翻译方法，这对实现高效率的大学英语翻译教学有着重要的促进作用。

使用基本语料库的教学方法，能够有效锻炼学生自主学习、发现和总结规律的能力；基于高频词汇的词汇教学能够让学生在短时间内掌握占普通文本内容80%的词汇。通过学习高价值词汇提高词汇学习的效果，是一种高效率的大学英语翻译教学方法。

第六节　基于认知语言学的英语翻译教学模式

本节使用认知语言学作为改良现有英语翻译教学模式的主要理论思路，并通过该思路对高校的英语翻译教学模式进行研究。从研究结果来看，在认知语言学理论优势的支持下，优化后的英语翻译教学模式更具综合性。

国家将大学生英语四级考试的翻译题目增加了整体性难度，即将原有的短句翻译变更为阅读翻译。虽然从短时期来看，这种形式就是调整了英语翻译考试的基本模式，但实际上这种朝着应用化方向的改变表明国家未来对于翻译人才的质量需求会越来越朝着全面化的方向发展。对此，本着提升人才培养实际质量的原则，高校内的教学人员有必要在现有基础上将认知语言学作为深入研究的理论背景，对英语翻译教学模式进行优化层面上的分析研究。

一、认知语言学的理论内涵及其应用价值

认知语言学是一门语言科学，其以组合形态在研究领域中占有绝对的核心地位。在其"结合"的理论状态中，"语言学+心理学"是其主要的组合形态。认知语言学的理论内涵实际上是具有一定哲学特征的。研究人员认为，认知语言学是以经验哲学为基础，将语言的形成和传播过程定义为依靠习惯和认知而存在。换言之，认知语言学就是以人类对一切事物的认知为基础，认为人类是在不断认知、不断调动认知的基础上，掌握母语和第二语言的。相比于简单的记忆学习，研究者更偏向于认为语言习得过程是建立在对本身概念的理解之上的。也就是说，只有当人们对一个事物、一类事件有明确的经验和个人见解时，人们才能够掌握应对于这类事物或事件的语言。认知语言学还指出，即使是一门语言的形成以语音和句法等根本含义为主，但其形成也必然是一个建立在客观真实条件下的，与人类主观意识和保有的知识系统密不可分的哲学过程。

二、运用认知语言学理论，创新英语翻译教学模式

（一）教学前阶段

在教学前阶段，教师需要运用一些简单的方法将学生大脑中对于英语翻译的经验印象加以强化。首先，教师可以运用互联网资源，在校内的资源平台上或在以班级为单位的社交软件平台上发布有关于下节课的基本内容和教学大纲。其次，教师应要求学生在开课之前，对发布内容中的知识点进行充分理解和阅读，当学生对部分知识内容理解不通时，可以先行上网查找资料或查询书中可以引用的资料内容，自发性地对有疑问的知识点进行自我分析。在这种方式下，英语翻译基础能力较高的学生基本能够通过自学对翻译的各项内容产生比较熟练的、细致的印象。而在学生对新翻译知识

点进行理解的过程中，学生为了达成"理解"这一举动，就会根据所见内容在大脑内进行经验的检索，从而在探寻初高中语法知识和翻译知识的过程中，完成对认知语言习得思维的过程体验。

（二）教学过程

在应用认知语言学的过程中，教师必须要稳抓教学"过程"的作用优势，在这一过程中，教学人员可以将思路分解为两类：一是求同，二是存异。求同就表示，教师需要在讲解翻译技巧和翻译要点的过程中，通过中外对比的方式，在板书上或PPT上将中外翻译的特色展示出来，也就是以更加清晰的角度令学生明确汉英翻译的"相同"之处。如汉语和英语思维中都存在的"主谓宾"形式，能够充分调动学生语言习得经验中对于汉语词汇属性的记忆点，从而令学生在学习词汇属性时，能够联系性地进行记忆。而存异也同样是通过立体化对比的形态，让学生能够更加明确"不能使用"的翻译语句和语法内容。对此，教师同样需要采取更加贴近学生经验的对比内容，调取学生常规知识中的印象，提取学生翻译思维中对于汉语语境的经验，而后使用突出存异的方式，将新学翻译知识与经验知识相关联，达成更好的识记效果。

（三）练习过程

课堂练习是"五步教学法"中的重点内容。在课堂练习环节中使用的所有测评和练习内容，都需要教师根据所学知识范围和难易度进行科学化、规律化的编制。在实际的练习过程中，教师要使用比较简单的翻译内容作为铺垫，充分遵循认知语言学中有关"语言能力的所得必然是从简单的认知再到概念知识的过程"这一论点。因此，教师需要充分考虑到学生的认知过程、语言结构等层面，以循序渐进的方式逐渐提升学生在英语翻译层面上的掌握程度，彻底改变学生死记硬背的学习方式。

（四）课外学习阶段

1.需增强对词汇记忆的关联能力

在英语翻译的过程中，文化习得、技巧习得等层面固然具有重要的作用，但词汇是构成英语语句的最根本元素，因此，教师在优化教学模式的过程中，也应该在课外环节加强学生对于词汇记忆的关联能力。教师可以通过使用阅读记忆的形式加深学生对于小范围词汇的经验印象,如可使用课上所学阅读翻译内容中的生词,使学生在有一定汉语印象的条件下对这些生词进行重复记忆。此外,教师也可以使用信息化的教学辅助资源,如以形象记忆为主的单词背诵软件,从而以图像的形式,提升学生对于部分范围内单词的印象深度。

2.需提升学生对英语文化背景的认知能力

在认知语言学中,当涉及多方文化交融习得时,学生除了要调动汉语的语言经验外,也需要对英语文化和语境进行充分的了解。如此学生便能够在双语思维语境的条件下,提升自身对于跨文化语境翻译的反应程度。对此,教师可以引导学生观看与英语历史文化相关的影视作品,当学生能够对英美文化有深入的了解时,自然能够在课堂环境中建立与翻译语境相关联的内容,避免认知偏差情况的发生。

第七节 基于双语平行语料库的商务英语翻译教学模式

在当前的经济全球化背景下,我国的经济对外交流不断增加。在交流中,商务英语是主要的交流媒介,因此当前大学也越来越重视商务英语教学。但是,我国商务英语教学发展时间较短,教学体系和模式存在不完善之处,导致当前商务英语翻译质量较低,难以满足企业的国际化交流需求。对此,高校可结合双语平行语料库对商务英语翻译教学模式进行优化设计,丰富教学过程中的语境和翻译意识,从而提升教学质量。

一、理论基础

双语平行语料库教学理论主张在教学中将语言的学习、翻译实践以及语言知识相结合,其能够在教学中以建构主义理论为指导,针对学生的语言积累和翻译经验帮助学生形成合理的语言架构。双语平行语料库能够有效提升商务英语翻译教学的质量,但是这一教学模式的发展和推广尚存在不足之处,如商务英语教学中可以获取的语料库数量较少,且难以将语料库的内容融入教学过程中。

双语平行语料库中的内容十分丰富,可以帮助学生在学习中获得更为丰富的教学资料。在实际的教学中,教师可将双语平行语料库作为教学资料,围绕学生的学习过程设计合适的教学模式,提升学生使用语料库的积极性。

二、商务英语翻译教学的目标

当前商务英语的教学目标主要包括:①培养学生的英语翻译学习兴趣,提升学生的商务英语翻译水平。②借助语料库中的英语文章分析和对比等方式对学生的翻译行为进行规范和提升。③使用不同的译本,使学生对不同的翻译风格进行比较,提升学生的翻译水平和辨别能力。④通过语料库分析和翻译技巧的讲授,提升学生的翻译能力。⑤培养学生高效使用翻译工具的能力。⑥培养学生的自主学习能力。

三、教学模式的构建

双语平行语料库中包括学生的母语以及英语两部分内容。在英语学习过程之中,学生仍然习惯于使用母语的思维方式。但由于两种语言在语法、词语使用等方面存在不同之处,母语的思维方式会影响英语的学习。当前在商务英语教学中常采用回避母语使用的教学方法,这样可避免母语思维对商务英语学习的影响,主要包括直接法、听说法、视听法等。直接法提倡在学习过程中使用目标学习语言进行交谈和阅读,避免使用母语来翻译和注释,以免受到母语思维的影响。这种学习方法的主要指导思想是直接认知思想,其认为学习语言的最佳方式就是在纯粹的语言环境中进行学习,避免母语的影响。

(一)母语对商务英语学习的影响

在商务英语学习之初,商务英语语言文化知识的地位较低。但随着学生商务英语语言知识和语法使用的熟练,商务英语文化知识的地位开始逐渐上升。为了进一步提高商务英语的熟练度,母语文化的地位会逐渐降低。文化交流过程是一个双向的过程,既包括对商务英语文化的了解,又包括对母语文化的推广。在国际文化背景之下,母语文化在商务英语语境之中也开始有了影响,因此,在商务英语学习过程之中不应当把语言知识和语法的习得作为目标,而是应当以商务英语和母语的共同使用和学习作为目标。在商务英语学习过程之中,单纯的商务英语学习环境使得母语文化逐渐缺失,这对于学生的文化交流是不利的,在未来的学习过程中应当避免这种情况的发生。

在商务英语习得的过程之中,不管学习环境如何,学生都不能完全客观地不使用母语知识完成信息的转换和交流。在交流过程中发生的是商务英语和母语之间的信息转换,其发生不仅取决于母语和商务英语之间的语法和意义差距,还取决于商务英语习得者的个体文化倾向。假如学生的个体文化无法完全理解商务英语内容或是背景文化映射的内容,那么就会出现学生对文化知识理解得不全面的情况,使得学生难以全面理解交流过程的内容,大量的信息被遗漏。相反,如果学生的个人文化可以有效理解交流过程中的文化知识,就可以更为高效地实现文化的交流和理解。因此,在商务英语习得的过程中,文化的学习也成为商务英语习得过程中的一个重要项目,通过阅读相关文化资料可以更为高效地了解目的语文化。

(二)学习模式的建立

商务英语学生在学习过程之中一般通过学习语言文化背景的方式来了解目的语的背景文化。在此过程中,主要是以目的语使用者的文化角度进行学习和了解。而在文本化的过程之中,目的语文化经过了较大的抽象和提炼处理,与当前时代中的文化特征有较大的差异。因此在学习过程中,商务英语学生常会由于文本化的目的语文化介绍而形成对语言文化的刻板印象,甚至出现文化失真的情况。文化失真是在当前的文化交流和目的语学习过程之中存在的普遍问题。

语言学习过程实质上属于对语言知识的认知过程。在学习过程之中,母语的语言知识是学习目的语的语法使用技能的基础,是实现商务英语学习的认知基础。在认知心理学的研究过程之中,研究人员认为图式是完成认知过程的基础,在学习和认知过程之中,学生可以根据图式对所要学习的信息进行组织和吸收。在语言学习过程中,主要完成的学习过程包括同化和顺应两个步骤,同化是指在学习过程之中将需要学习的信息知识纳入当前已知的知识体系之中,在扩展知识体系的同时完成对新知识的了解和使用;顺应是指在学习之中,假如旧有的知识体系无法满足同化新信息的需求,就应该进行调整和改造,建立新的知识体系图式。

在商务英语习得的过程之中，学生的母语认知体系处于不断扩展和改造调整的过程中，其可以借助知识体系的调整来完成母语认知和商务英语认知之间的转换。在当前的教育研究中，部分研究人员认为母语思维并非降低商务英语学习过程效率的影响因素，而是起到了认知模式的调整作用。学生在接受目的语的语言知识和使用习惯的过程中，可能在初期需要使用母语作为语言思维的中间转换工具，在逐渐熟练之后，就可以实现对目的语的正常使用。当前在商务英语学习的过程中，部分学生会受到母语语言习惯的影响，实质上，这种影响是学生使用母语来协助对目的语的理解的过程。

当前在商务英语学习过程中出现较多的一种观点就是在学习之中要脱离母语思维，这样才能提高对目的语言的掌握和使用程度。受这一观点的影响，母语思维是否会导致商务英语学习质量的下降是当前部分学生所担心的问题之一。实际上，在商务英语学习过程中，母语思维的介入和使用是不可避免的现象，也是母语语言思维的认知单元参与语言学习的过程。已有的研究发现，学生在进行商务英语阅读和交流过程之中使用母语思维的频率较高，常用于对英文文章内容的翻译、总结以及评价。在商务英语学习过程中，母语思维参与的主要作用是认知协助和认知监控，提升学生的理解深度。在认知学的研究之中，元认知是对认知过程的认知，是在学习过程中个人对自身认知学习过程的监控和管理。在学习之中，学生可以使用元认知来对学习过程的认知策略和学习方法进行调整。元认知的存在可以帮助学生调控自己的学习过程。通过元认知过程，学生可以反思自身的学习，有助于高效地完成商务英语学习，促进商务英语思维的形成和发展。

在商务英语学习的过程之中，要提升对目的语文化和思维的掌握程度，提高在交流过程之中对文化的认知情况，就需要在学习之中充分了解目的语的使用习惯和文化背景。当前在商务英语学习过程中主要使用的是书本资料。书本资料多是前人的总结，由于对自身母语文化有较深的了解，书本资料中的文化叙述可以让读者产生较为深厚的印象，在长期的学习过程中会使学生形成对目的语文化的刻板印象，不利于进行文化交流。此外，由于认知学的母语负迁移观念深入人心以及直接法教学流派的影响，在当前的商务英语教学之中母语文化的参与度不高。在教学过程之中盲目排斥母语使用和母语文化学习的观点使得商务英语学习过程中母语文化素养有所降低。有研究人员指出，在商务英语学习过程之中母语文化的缺乏会使目的语语言文化学习能力不足。因此，在学习过程之中合理使用母语文化可以有效促进商务英语学习的质量。不同文化之间存在目的和形式上的差异，在学习商务英语文化时可以将母语文化之中相近或是不同的文化观点作为参考和对比，提高对商务英语文化的了解和掌握。而且，不同语言之间存在一定的相通之处,这也决定了母语是外语学习过程中不可缺少的基础,是应当合理利用的资源。在跨文化的语言学习过程中,有意识地对两种不同文化进行对比分析,以母语文化作为学习中的参照,可以提升商务英语的学习质量。

在商务英语学习的过程之中,学生会逐渐加深对目的语文化的了解,随着了解的逐渐深入,学生对于母语文化的掌握也有了一定的提升。商务英语学习的过程等同于文化交流的过程,目的语文化和母语文化的理解和掌握程度都会有所提升。语言能力的培养是商务英语习得的主要目标,但语言背后的文化因素才是语言交流的实体。失去文化的支撑,语言寸步难行。目的语文化在商务英语习得过程中的地位已经有所提高,然而,母语文化却经常被孤立或排斥。母语文化失语、个体文化缺失、文化失真等问题在商务英语习得中不同程度地出现。要保持目的语文化与母语文化的平衡,实现两者之间的互通交流,就必须适度地拓展母语文化。通过多元文化互动、个体文化介入、母语文化重建等方式维持目的语文化与母语文化之间的生态平衡,在动态的循环中淘汰旧的文化形态。

(三)双语平行语料库驱动下的语句翻译教学

英语和母语往往在语句结构上存在一定的差异,会给学生的学习造成影响。由于教学内容的限制,在当前的商务英语翻译教学中,教师无法全面地对母语和英语之间的语句结构等内容进行解释和对比,影响了学生翻译能力的提升。在当前的商务英语翻译教学中,教师可以借助双语平行语料库对相应的英语和母语例句进行对比和参考,方便学生对相关的语句、语境以及结构上的差别有充分的了解。

借助双语平行语料库,教师可以帮助学生对不同类型的句子进行比较,了解不同句子之间的相同点和不同点。针对不同的文章和结构,也有不同的培养方式。以记叙文为例,教师应当遵循如下几个步骤:首先,教师需要培养学生提炼文章共性的能力,学生在日常阅读过程中接触的记叙文在结构上有一定的共性,学生自身的认知能力可以将文章中的结构等进行分析和归类,提取其中存在的共同之处。其次,教师在培养学生的写作能力的过程中,应当有意识地培养学生分析和理解文章结构的能力,从文章的结构入手对文章进行理解,提升学生对文章层次的掌握能力。再次,完成结构分析之后,学生要进行的是对文章情节发展脉络的分析,在文章内容的选择上应当选择具备较高代表性的内容,尽量选择学生可以进行感知和认知的内容。最后,借助情节分析和理解过程,学生可以形成一种文章写作和分析的固有框架，提升学生的表达能力。

综上所述，双语平行语料库能够有效地推动现代商务英语翻译教学改革的进程，提升高校商务英语翻译教学的质量。双语平行语料库的使用有助于学生的自主学习，便于教师进行母语和英语语境、语句结构之间的对比示范，加强学生对商务英语的了解程度，推动商务英语教学的发展。

第八节　多模态理论下的大学英语翻译教学模式

随着社会经济的发展，我国的高等教育面临着巨大的机遇和挑战。多年来，国家一直倡导深化教学改革，提高教学的质量。因此，对提升大学英语教学质量和改进大学英语教学方法的探讨从未停止。翻译教学作为大学英语教学的重要组成部分，长期以来在大学英语教学中并未得到足够的重视，存在诸多不足。首先，大学英语教材并没有系统地介绍翻译的理论与翻译的技巧。在翻译实践活动中，没有相应的翻译理论和翻译技巧的指导，句子生搬硬套、语言逻辑混乱、语句间缺乏连贯性等现象经常出现；其次，现有的大学英语课堂仍然以传授语言知识，培养英语听、说、读、写能力为主，忽略了对学生翻译能力的培养。再次，教学手段和形式单一，教学内容也仅局限于每个单元课后练习的讲解，无法调动学生在翻译学习中的主动性和创造性。最后，由于高校英语专业自身的学科特点，其所培养的毕业生在知识的广度和深度上无法满足社会对复合型翻译人才的需求。因此，大学英语教学的研究者有必要反思传统翻译教学方式，探索新型教学模式和教学途径，加强大学英语翻译教学的改革力度，提高英语学生的翻译能力。现今，随着网络与信息技术的发展和普遍应用，多模态话语分析理论为大学英语翻译教学提供了全新的视角。本节将介绍在大学英语翻译教学中如何引入多模态的教学模式，并阐述如何通过语言、图像、声音等符号激发学生的英语学习兴趣，提高大学英语翻译教学的质量和效率。

一、理论依据

多模态话语分析理论兴起于20世纪90年代，它以Holiday的系统功能语言学为理论基础，将图像、声音及动作等作为语言符号性研究的重心。研究认为，除语言符号外的其他非语言符号系统也是意义的源泉，非语言符号同样具有语言的系统性和功能性；不同的符号模态可以表达相同的意义，语言和非语言符号也是意义建构的资源，由多种符号系统构建的多模态话语同样具有概念功能、人际功能及语篇功能。而多模态教学于1996年提出。作为一种教学理论，它主张利用图片、声音等多种教学手段调动学生的多种感官参与到语言的学习中。学者Kress和Van Leeuwen在其著作中探讨了如何在课堂中开展多模态教学，指出了图像、手势及动作在教学过程中的作用。国内语言学家胡壮麟、朱永生等也对多模态话语分析理论在教学领域的使用进行了研究，认为在数字化信息时代及多媒体技术被广泛使用的背景下，利用多模态教学理论构建多模态教学模式是时代发展的需求，是促进语言教学发展的重要途径。因此，在大学英语翻译教学课堂上实施多模态教学势在必行。教师可以凭借多媒体技术，在课堂上借助声音、图像及文字等符号构建多模态教学方式，从视觉、听觉等不同感官刺激学生，提高他们对语言信息的认知能力，达到更好的教学效果。

二、多模态翻译教学模式的可行性分析

多模态教学就是指在多媒体环境下，教师充分调用语言、图像、声音等多种模态获取、传递和接受信息。随着多媒体教室与校园网的普及，计算机多媒体及网络技术在英语教学中已得到广泛使用，它们具有信息量大、信息输入手段多样化等特点，为英语学生提供了无限的学习资源和有利的学习条件。在大学英语翻译教学中，计算机多媒体教学有助于提高教学的效率，扩大相关翻译理论知识，增加英语学生课内翻译实践的机会，改变了传统以教师讲授为主的单一课堂教学模式。

（一）多媒体是多模态教学的保障

多模态教学就是要利用多种手段如图像、声音、动画等来刺激学生的视觉、听觉等多种感官，从而达到有效的交际效果。计算机的网络教学为英语学生提供了无限的

资源和有利的条件。多媒体网络教学既包括文字、数字等信息交流手段，还包括声音、动画及图像等多种信息媒体。随着大学英语教学改革的不断推进，多媒体网络教学在大学英语教学中得以普及，现有的英语教材大都是为多媒体教学设计的，譬如外语教学与研究出版社出版的大学英语教材都是集纸质课本、电子光盘和网络学习平台为一体的立体化教材。因此，在大学英语翻译教学过程中，我们要充分利用多媒体网络技术信息量大、交互性强的特点，提高大学英语翻译教学的质量和效果。首先，我们可以分类建立包括PPT、视频、音频及图片在内的大学英语翻译教学资源，教师在教学过程中可以及时检索和更新所需素材，保证翻译教学的时效性；其次，教师可根据所教班级的专业特点和学生兴趣，选择相应的学习素材上传到网络学习平台，让学生进行实战训练，做到理论学习与翻译实践相结合。最后，在多媒体技术支持下，教师能够及时地了解学生学习和实践情况，并给予及时指导。总之，在多媒体网络条件下，教师可以通过文字、图片、音频、视频及PPT等来训练英语学生的视觉、听觉和感觉等感观，以此提高他们的语言表达能力及信息输出能力。

（二）多模态翻译教学的优势

作为传统的大学英语翻译教学模式的补充，多模态翻译教学模式有其内在优势。一方面，将多模态教学运用于大学英语翻译教学，可以使英语学生的多种感觉器官参与到翻译学习中，提高学生的学习主观能动性。多模态强调多种感官并用，在教学过程中，教师可以利用多种教学资源如声音、视频、动画、彩色文字等来激活学生的视觉、听觉和触觉等感观，以加深学生对所学内容的理解与记忆。同时，多模态的教学模式还有利于营造轻松、活泼、积极的课堂氛围，激发学生语言学习的积极性。譬如在翻译教学中，教师可以选择经典电影片段让学生欣赏。在观赏的过程中，教师可选取经典句子让学生进行翻译，之后由教师提供参考答案供学生分析讨论。另一方面，在课后的翻译学习活动中，在多媒体技术的支持下，学生可以利用教师提供的多模态文本，进行多次观看、回忆、讨论，对所学知识进行巩固，以提高翻译学习的效果。与此同时，有了多媒体技术的支持，学生可自行选取、收集和整理一些与自身实际水平相符的翻译学习材料，不断加强翻译练习，从而提高学生的翻译能力和水平。

三、多模态理论下的翻译教学模式

（一）教学内容呈现多模态

大学英语的教学目标是培养满足社会所需的综合型英语人才。而现实情况是，目前在翻译市场上从事翻译工作的大多数人员均属于自由职业者，翻译人才水平良莠不齐，翻译质量总体低下。在高校，翻译人才培养的对象比较单一，基本上局限于英语专业的学生。而随着翻译市场需求的专业化和多元化，译者要有足够的专业知识和双语能力。而英语专业培养的毕业生在知识的广度和专业的深度上无法满足翻译市场的需求，所以有一定的专业背景，同时又具备较强的外语能力的翻译人才会更受欢迎。在这种条件下，大学英语翻译教学为培养一批能适应翻译新形势和翻译市场需求的新型人才，需要更新教学模式。教师除了讲授简单的翻译技巧和方法外，还应增加翻译理论、中西方语言文化对比、中西方翻译史和英汉语言对比等课程内容，让学生加强对语言和翻译的认识和理解。在传统的翻译教学中，教师往往大量依赖教材或是自己准备的资料，这种做法既费时又费力，影响翻译教学效果。多模态教学能够为传统教学提供辅助。在翻译教学中，教师可以充分利用网络、语料库等收集大量翻译资料，供学生进行翻译实践训练，提高教学效率。

（二）教学手段呈现多模态

在传统的教学环境下，教学的设备通常是"黑板+粉笔"，学生总是在教师的要求下机械地进行翻译练习，然后由教师进行点评。时间一长，这种单调的授课形式容易让学生厌倦，不利于激发学生的主观能动性，学生的学习效率较低。在多模态教学环境下，教师可将翻译教学的内容以PPT、音频与视频等形式呈现给学生，使翻译教学的课堂变得丰富、生动、形象，使教学效果最大化。譬如教师可以给学生播放一个电影的片段，从视觉、听觉上吸引学生，然后让学生记下电影字幕，并要求学生进行现场翻译，学生以小组讨论的形式进行，每个小组完成翻译任务后，各小组之间进行交流、评比，选出最优秀的翻译，然后由教师进行点评和讲解。这种教学方式既可以提高学生的积极性，又可增强学生的课堂参与度。教师可以通过多媒体网络技术，将翻译素材发送给学生，供学生交流、讨论，然后形成较为理想的译文，最后由教师对学生遇到的难点进行评析，从而得出较好的翻译成果。总之，多模态教学使教师的教学活动从课内延伸至课外，师生之间、学生之间随时保持着动态的信息交互。

（三）翻译实践形式呈现多模态

在传统的翻译实践中，学生单纯地依靠教师布置的任务来提高翻译能力，这种形式略显单一，效果欠佳。学校应该为学生创设多种形式的翻译实践的机会，锻炼学生的翻译能力。

首先，定期举办翻译比赛活动。鉴于学生的实际水平，比赛形式可以是汉译英，也可以是英译汉；比赛内容可以根据各学院的专业特点，选择一些符合本专业实际的词组、句子或段落让学生进行翻译（比赛的内容可以随着学生学业水平的提升适当增加难度）；参赛对象是整个学院的学生，应确保每位学生都有机会进行尝试；比赛可分初赛和决赛，逐层进行选拔；对于最后胜出者可颁发相应的证书。其次，学校可以与翻译机构合作，选派本校的学生到合作的翻译机构实习。这样既可增加学生对翻译行业的了解，又能锻炼学生的翻译实践能力。再次，翻译机构也可以调派专业翻译人员到学校上课，让其了解学校翻译教学的现状，并针对学校的翻译教学现状提出建设性意见，为学校培养高素质的翻译人才提供保障。最后，学校还可以对翻译机构的优秀译员进行荣誉聘用，邀请其到学校进行翻译专题讲座；翻译机构也可以把自己的翻译业务转包给学校师生，充分利用学校人力资源的优势，缩减自己的劳动成本。总之，这种双赢的校企合作方式为师生的翻译理论学习与实践创造了有利的条件，既让师生在社会实践中不断提升自己的翻译能力，又有利于翻译机构储备优秀翻译人才。

综上所述，以网络为基础的多模态教学模式为英语翻译教学提供了一个全新的视角，弥补了传统翻译教学模式的不足，丰富了课堂教学内容，增强了教学的直观性和生动性，提高了翻译教学效率。现代网络技术为学生进行多渠道、多形式的翻译学习和实践活动提供了保障，增强了学生的自主学习能力。多模态实践手段提高了学生在翻译实践中的积极性和主动性，也提升了其翻译能力。总之，多模态教学模式有助于推动大学英语翻译教学模式的改革，在培养社会所需的复合型翻译人才中起着重要作用。

第五章　多媒体视角下大学英语翻译教学

第一节　多媒体环境下大学英语翻译课堂教学

随着社会的发展以及科学技术的进步，社会已然变成一个信息化大学堂。于是，很多教师开始将信息化技术引入到课堂中来。在大学翻译教学中引入多媒体技术对于教学本身来说是有极大益处的，但是在具体的操作环节中，部分教师对信息技术的使用不当导致了一定的消极影响。为了更好地实现多媒体技术与英语翻译课堂教学的有效结合，教师应该努力寻找多媒体环境下大学英语翻译课堂教学存在的问题，并寻找与之相对应的解决对策。

一、多媒体教学环境下大学英语翻译课堂教学存在的问题

多媒体教学环境下，大学英语翻译课堂教学存在以下几方面的问题：一，过度依赖多媒体技术；二，过分注重形式，忽略教学内容；三，播放式教学，忽略学生的主体地位。

（一）过分依赖多媒体技术

多媒体教学拥有很多传统课堂教学没有的优势，但是这并不代表教师要完全摒弃传统教学模式。在实际的教学过程中，很多教师过分依赖多媒体技术却忽略了传统的教学模式的使用，结果反而降低了教学质量。例如，在传统的教学环境下，教师会在课堂上采用板书的形式为学生讲解教学重点以及难点。多媒体环境下，教师采用PPT

课件的形式进行教学,然而部分教师则完全依赖教学课件,整节课堂不进行任何板书,只是一味借助PPT进行讲解。更有甚者,一旦停电或者多媒体设备出现故障,便无法正常完成教学内容的讲解。

(二)过分注重形式,忽略教学内容

多媒体教学的优势在于可以利用多媒体生动形象的内容吸引学生的注意力,然而在教学过程中,有部分教师过分注重教学形式,忽略了教学内容的讲解。例如,在课堂教学中,教师为了吸引学生的注意力,在PPT课件中设置一定的动画或是插入一定的图片、视频以及音频,这样做的出发点是吸引学生的注意力,然而由于部分教师设置过多这种与教学无关的内容,学生将过多的注意力放在这些形式化的内容上,忽略了对于教学的重难点内容的学习,反而降低了学习效果。

(三)播放式教学,忽略学生的主体地位

在制作教学课件时,有的教师为了实现高质量化的教育,会将教学课件做得面面俱到,课件也设计得很漂亮,还设置了很多动画。这样一来,教学课件的页数将会变得特别多,播放课件的时间也会变长。然而每节课的教学内容以及教学时间都是固定的。如果教师设置的课件页数过多,为了能够完成教学内容的讲解,教师只能采用播放式教学法。整节课下来,学生就会觉得像看电影,记不住任何内容。由此可见,多媒体教学环境下,大学英语翻译课堂教学确实存在一些问题。

二、解决对策

为了解决上述的问题,教师可以采用如下几点对策:

(一)采用多媒体技术与传统教学技术相结合的教学方法

教师可以使用多媒体技术进行教学,但是也要结合一定的传统教学模式。比如,在教学过程中,对于重点以及难点内容,教师应该适当地进行板书,从而让学生了解到该教学内容的重要性。同时,板书对于学生来说也是一种提示,提示学生这个环节的教学内容是需要做一定记录的。这样一来,不仅可以激发学生的学习主动性,提升

课堂教学效率，而且可以实现课堂教学的高质量化。

（二）重视教学内容的讲授

在教学课件内设置一定的动画、图片、视频以及音频，这本身是没有错的，但是一定要注意设置的量，不能过度地注重形式而忽略了教学内容。教师应该在保证教学内容完整的情况下，适当地设置一定的教学形式，做到形式与内容的充分结合，从而在讲解教学内容的同时，也能够很好地调节教学氛围，激发学生学习的积极性以及主动性。

（三）设计以学生为中心的教学模式

无论使用什么样的教学模式，教师要确保该教学模式是以学生为教学中心的，要重视学生在课堂上的主体地位，才能提升教学的有效性。例如，教师可以让学生根据教学内容设置一份幻灯片，这样一来，不仅可以促使学生对教学内容进行预习，还可以培养学生的创新能力和想象能力。

总之，多媒体技术只是教学的一个辅助手段，它并不能成为课堂教学的主体，更不能代替教师的讲解。若想实现多媒体技术与大学英语翻译课堂教学的有效结合，教师应该努力抓住多媒体技术本身具有的特征，并利用这些特征与传统教学模式进行有效结合，从而实现大学翻译课堂教学的高质量和高效率。

第二节　网络环境下大学英语翻译"零课时"教学

本节阐述了大学英语翻译教学现状及"零课时"教学方法，对网络环境下的大学英语翻译"零课时"教学的优势进行了简要分析，在此基础上，针对网络环境下的大学英语翻译"零课时"教学，提出了提升大学英语翻译教学质量的策略。

一、翻译"零课时"教学方法的提出

（一）"零课时"翻译教学的理论基础

心智主义学派认为，每个人都有天生的语言学习机制，人的语言能力的获得和形成是本能使然，是人脑固有属性和后天经验相互作用的结果。教师只需刺激学生固有的"天赋"，将学生已有的语言能力与后天学习的知识相结合，从而使学生自主、自愿地投入到学习中。系统功能学派认为，外语教学必须从交际目的出发来决定教学内容和教学方法。

大学英语翻译"零课时"教学是集心智主义和功能主义理论之所长的一种教学方法，同时它采用交际教学法中常见的任务法设计翻译教学大纲，通过设定任务完成翻译技能训练，从而提高学生的翻译技能。

（二）"零课时"概念解读

"零课时模式"以锻炼学生自主学习能力为目标。所谓"零课时"是指不设固定的课时，学习任务在课外进行，教师将学习内容按照难易程度划分等级，通过网络提供给学生，教师不定期对学生进行考试或考查。

"零课时"教学方法有三方面的特点，即"有教师""有学分""无课时"。"有教师"，虽有教师指导，但教师匿身于网络之中，不对学生进行面授，监控学习的始终，最后给出阶段性评价；"有学分"，倡导学生自主学习，有明确的学习任务，有过程评价，有成绩核定；"无课时"，无教学课时是翻译"零课时"的最大特色，学生可以在大量的课余时间里，合理安排学习进度、灵活安排学习时间，从被动学习转为主动学习，提高翻译技能。将"零课时"教学方法应用到大学英语翻译教学中，有助于激发学生对翻译的兴趣，提高学生的翻译能力。

二、网络环境下的大学英语翻译"零课时"教学

（一）网络优势在教学中的体现

教学有效性是指教学过程的有效性，表现为教学有效果、有效益和有效率。众所周知，网络强大的数据处理功能使之具有处理数据迅速、数据交换耗费成本较低、交换数据不受时空限制、交换数据量庞大以及受益人群广泛等优势。随着网络技术的飞速发展，新媒体如雨后春笋，应运而生。教师可以运用网络快速获取大量的目标信息，为备课准备充足丰富的资料；学生可以免费在线学习，也可以将学习资源下载进行离线学习，不受时间和地点的限制，使学习更加方便和个性。网络使得高校大学英语课堂教学形式多元化，丰富了课堂教学内容，极大地提升了大学英语课堂教学效果。

（二）网络环境下英语教师角色及作用的变化

在开展多媒体教学前，教师在教学中扮演的是传授者、教练员和评定员的角色：在课堂上，教师拥有绝对的主导地位，给学生传授知识；在学习中，"听、说、读、写、译"五项基本技能始终贯穿于整节英语课堂，此时教师扮演了教练员的角色，时刻观察学生的表现，给予修改意见；课程完结之前，学生会参加各种形式的考核以检验学习效果，教师成为了评定员。

《大学英语课程教学要求》提出让个性化学习、自主式学习和网络化学习成为大学英语教学改革的目标与方向。在这样的大背景下，英语教师要做到一专多能，扎实地掌握理论知识、英语文化知识；要了解西方国家的历史、文化；要熟悉英语国家人们生活中常用的习语、谚语等；还要熟练运用多媒体设备与网络信息技术，以满足当下教学中数字化、智能化、网络化的要求。此外，教师还要组织、引导学生利用丰富的网络资源进行课外学习，帮助学生理解重、难点知识，全面提高学生的翻译技能。

（三）网络环境下大学英语翻译"零课时"教学策略

为了有效提高学生的翻译能力，笔者认为可以从以下几个策略出发：

（1）组织保障，建立"零课时"翻译教学团队。在网络环境中进行"零课时"翻译教学，教师不能只公布答案，而是要做好很多工作，如确立分层次的翻译教学目

标，规划和整合海量的教学资源以及监督和指导学生的学习过程。这些工作不仅量大而且非常繁杂，依靠某一位教师独立完成是不可能的。因此需要建立一个有耐心并且能吃苦的团队，团队成员需有丰富的翻译教学经验，且易接受新的教学理念、能熟练掌握运用新的媒体技术。

（2）加强引导，教师团队编撰翻译书目。学生在自主学习时容易盲目选择学习内容，为了避免这一现象，教师团队有必要结合《大学英语课程教学要求（试行）》中对翻译各阶段的具体要求和本校学生人才培养方案的实施意见，编写切实符合本校学生学习需求的课程指导书，内容应囊括翻译的基本理论和技能。学生在指导用书的帮助下，明确在学习过程中各阶段的目标及学习任务，确定考核内容。

（3）强化课后指导，积极发挥网络技术优势。在网络技术高度发达的今天，教师应积极发挥网络技术优势，强化对学生学习的课后指导。教师团队可以利用网络自主学习平台、社交软件等将最新的翻译学习资源发送给学生，提供贴近生活的翻译语料，激发学生的学习热情。此外，学生在完成每周的翻译任务后，可针对遇到的问题给教师留言，教师及时解答，帮助学生解决自主学习中遇到的诸多问题，师生交流得以实现，同时教师也能系统地掌握学生的自主学习状况。

（4）评价激励，激发学生自主学习的积极性。在大学英语课程教学中，教师可将翻译教学穿插在具体的教学环节中，这为学生在网络翻译"零课时"环节中获得更多的翻译理论知识、掌握更多的翻译技能打下了基础。"零课时"能激发学生自主学习的积极性，学生可以随时随地到网络自主学习平台上自主选择翻译内容进行学习，教师在线及时指点，给予鼓励性评价，这样能大大提高学生的学习热情，进而有兴趣继续获取教师提供的学习方法、翻译理论、翻译材料等，实现高效的自主学习。

（5）学习进程归档，创设翻译水平评估和档案袋评价体系。为了做好监督和促进学生自主学习过程及效果的工作，教师团队要对学生的作业进行抽查、批改，并做记录，形成完整的教学检查链。在"零课时"中也要根据要求设立阶段小测，针对学生的考试情况判断下一步需要解决的个性和共性的问题。认真对待学生的留言，建立及完善学生翻译档案袋评估系统。依靠该系统，学生可以对自己的翻译水平有更加直观的认识。

建构主义理论强调学生是意义的主动建构者，不能由其他人来代替。教师可通过在线网络学习平台、自主学习平台及各类多媒体英语学习库等调动学生的学习积极性和自主性，而学生依靠教师的专业指导，通过自主学习系统地完成相关翻译任务，由被动学习变成主动学习。

网络环境下的大学英语翻译"零课时"教学，不仅能进一步提高学生的自主学习能力，而且有助于培养更多的翻译实用型人才。

第三节 大学英语翻译教学中的 CAI 应用及其保障机制

随着2013年大学英语四、六级考试委员会宣布增加翻译分值、变单句翻译为段落翻译以来，翻译在各高校大学英语中的分量越来越重。翻译教学不再只是一种大学英语教学的手段，翻译能力的培养已经悄然登上大学英语课程教学目标的榜单。然而，大学英语课程教学目标众多，学时有限，翻译师资捉襟见肘，在现行的教学模式下，翻译教学效果难有明显提升。所幸我们处在教学资源异常丰富的大数据时代，CAI（计算机辅助教学）技术也日趋成熟，我们完全可以充分利用现有的网络和新媒体技术，在相关行业、学校管理层、一线教师和广大学生的共同努力下，构建全新、多维和立体的翻译教学模式，开辟大学英语翻译教学的新局面。

一、大学英语翻译教学的CAI资源应用

CAI是在计算机辅助下以对话形式进行的各种教学活动。在大学英语翻译教学中运用CAI可以使许多抽象概念和复杂的逻辑关系变得生动、直观和形象。

大学英语翻译教学的CAI模式包括多媒体教学平台、互联网教学平台、CAT（计算机辅助翻译教学）和实时通信工具等。教师可在多媒体教室讲解翻译理论、翻译策略和跨文化交际等课程内容，运用互联网教学平台、CAT等手段开展任务型翻译教学，再通过实时通信工具进行协作和互动交流，开展翻译讨论，分享翻译心得和交流学习难点。四种辅助教学手段相辅相成，相得益彰。

（一）多媒体教学平台

大学英语翻译教学往往受到专业、课时和空间等因素的限制，但多媒体教学平台可以在一定程度上解决这些问题。多媒体教学平台可在局域网、校园网或卫星网上运行，支持文字形式、音视频资源、电子白板和互动教学，学生可以共享教师端程序，同步浏览课件和教学现场的视频和音频，以文字交流或举手提问的形式实现教学互动。通过多媒体教学平台，学生可使用翻译资源数据库，通过课堂教学和自主学习的方式初步了解翻译理论和技巧，在教师的引导下运用具体的翻译方法解决各类翻译问题，体验不同类型的翻译进程，参与部分简单的翻译项目，从而逐步提高翻译能力。在系统运行方面，该平台操作简单易学，无须专业人员维护。另外，翻译教学还可利用高度仿真的虚拟教室，实现实时交互与录制点播相结合，即播即录，即录即播。

（二）互联网教学平台

近年来，互联网技术发展迅速，师生使用非常便捷。互联网教学平台集教学资源、课程组织、自主学习、交流讨论、学习评价于一体，从根本上解决了长期制约大学英语翻译教学中资源不足、学时不够、师资欠缺和空间受限等问题，是一个比较完整、高效的交互式平台。如学生可充分利用中国知网、百度百科、维基百科、专业资源库、在线辞典等网络资源开展在线学习，浏览翻译教学课件，自学翻译课程，通过网上提问、在线翻译、交流讨论等形式熟悉翻译理论和技巧；教师可以开展在线翻译教学，如发布翻译课程信息、布置翻译作业、安排翻译任务、为学生答疑解惑、组织专题讨论，并就学生的翻译进行测试和评价。

（三）计算机辅助翻译教学

CAT是指利用计算机来执行大学英语翻译教学功能，构建多途径、交互式的教学环境，既保证教学质量和效果，又能培养学生的学习兴趣和能力。计算机辅助翻译教学，是从机器翻译发展而来，它的核心是翻译记忆，可帮助翻译者优质、高效、轻松地完成翻译工作。

现在的CAT涉及领域广泛，技术成熟，产出经济，有着无可比拟的优越性。它们不再是翻译教材内容的直接复制，也不是在简单的电子词典查询或者在线百度翻译，而是利用计算机为学生在课堂内外提供真实的交流环境，使学生学以致用。译文的准确性、术语的一致性和译文产出的经济性均有质的飞跃，翻译效率也有了大幅度的提高。

学生利用计算机辅助翻译软件学习翻译，可以迅速熟悉不同专业领域的词汇，掌握翻译的方法和技巧，快速提升翻译能力。

（四）实时通信工具

新媒体的广泛运用，为大学英语教学活动的开展提供了新的思路和方法。它的出现改变了大学英语翻译教学容易方式单一、沉闷枯燥的局面。

实时通信工具利用公众账号平台进行自媒体活动。通过实时通信工具教师和学生可以随时随地就翻译学习进行交流和讨论，教师还可根据学生的个体情况，提出针对性的指导意见，从而大幅提高教学质量和效果。例如，这些通信平台上有很多英语学习的公共账号，学生可以不受时间、空间和地点的限制，学习翻译理论，练习翻译实践。教师也可自己开设账号，实时推送相关教学信息，跟踪学生的学习状况，并及时指导和反馈。教师也可采用"示范和练习"法，先做示范翻译，再要求学生在翻译平台上进行大量翻译实践，赢取积分，获得下一步学习的机会。

二、大学英语翻译教学的CAI保障机制

大学英语传统教学模式根深蒂固，翻译教学中存在的问题也日渐显著。因此想要顺利构建和运行基于计算机辅助的大学英语翻译教学模式，需要建立由相关行业、学校管理层、一线教师和广大学生积极参与的切实可行的保障机制。

（一）相关行业提供技术支持

相关行业的研发机构和公司要根据大学英语翻译教学的需要，立足于非英语专业学生的需要，开发方便、实用、高效的CAI软件和硬件资源。现有CAI资源的利用也离不开相关行业提供技术培训和维护服务。

（二）管理层做好顶层设计和资源建设

高等院校管理人员在设置大学英语课程和开展大学英语课程评价时，在理念上必须与时代和社会保持一致，为计算机辅助下的翻译教学预留空间。各高校可在普适性

的大学英语课程框架之内设置大学英语自主学习模块,自主学习课程可以设定为必修环节,无须占用大学英语有限的学分,CAI环境下的翻译学习可以名正言顺地包含其中。

高校管理层还应该积极争取资金,增加软硬件投入,为翻译教学创设CAI条件。例如,现在的CAT系统技术比较成熟,包含口笔译实训系统、整合翻译项目管理、计算机辅助翻译、翻译素材的实训系统,内置有翻译素材,可完成自动术语提取、双语对齐、记忆库术语库生成等功能,可在课上、课下使用,可同时用于教学与实际项目翻译。

在师资队伍建设方面,学校应予以政策倾斜,加大经费投入,选派有潜力的教师到相关高校或企业访学、进修或培训。

(三)一线教师主动参与

新形势下的大学英语翻译教学对英语教师提出了严峻的挑战,翻译教学的手段和内容必须进行相应的调整,这都要求一线教师主动参与,钻研苦学。毕竟,利用计算机开展辅助翻译教学对绝大多数英语教师来说是一个未知且不太熟悉的领域。加上翻译涉及不同语言之间的转换,教师不仅必须具备良好的双语能力,还应有良好的计算机素养和翻译软件知识。

以CAT环境下的翻译教学为例,教师需了解机器翻译和CAT的历史、原理等,还要熟悉各种CAT软件,并能熟练操作和演示。教师还要建立合适的语料库,选取新颖、实用、富有针对性和实效性的翻译材料,设计一些模拟翻译项目,组织学生参与,引导学生互动交流、探讨和点评译作。

显然,在CAI环境下的大学英语翻译教学模式中,教师扮演着多元的角色,是引导者、指导者、咨询者和参与者,他们必须主动参与,充分发挥其主导作用,否则该模式的翻译教学无法得到保障。

(四)学生主体的密切配合

广大学生是整个大学英语课程教学的对象,是学习的主体,他们参与的热情和配合的程度将直接影响CAI环境下大学英语翻译教学的效果。当代大学生应主动了解基本的计算机知识,乐于学习,能熟练运用各种软件进行翻译学习和完成翻译任务,从而掌握过硬的翻译技术,习得较强的翻译能力,获取差异化的竞争优势。同时,为提高翻译水平和英语能力,他们还应该加强英汉双语能力的培养,积极主动地完成和参与大学英语教师设计与安排的各种CAI翻译任务或活动。

综上所述,将CAI与翻译教学有机结合起来,使之服务于大学英语翻译教学,已经成为大学英语教学的一个新方向。有学者曾指出,CAI教学以现代信息技术为基础,将计算机文字处理、电子词典和翻译软件等与翻译教学相关的新技术、新成果用于翻译教学,是高校信息化教学的趋势。虽然我们并不提倡大学英语翻译教学的每节课都使用CAI,但CAI有效地解决了大学英语翻译教学模式单一、学时受限、资源短缺和效率低下等问题,其重要性是不言而喻的。

第四节 多媒体环境下高校英语翻译专业语法课程建设

词汇和语法是英语的两大支柱,词汇是英语的基础,而语法是英语的灵魂。语法对于翻译专业的师生来说,其重要性不言而喻。如今,随着计算机网络在当今信息化时代的广泛应用,多媒体与教学的结合已然成为高校提高教育水平的必然趋势,而网络环境下的英语语法教学自然成为提高翻译专业课程质量的必然选择。这一全新的教学模式既可以克服传统教学模式的诸多弊端,还可以丰富教学资源,改善教学环境,优化教学效果,并且能够加强教师与学生之间的联系,充分调动学生的主观能动性,培养学生的自主学习和独立思考等能力。

一、翻译专业英语语法学习的重要性

(一)翻译必须准确地把握语言

《朗文语言教学与应用语言学词典》中对"语法"的解释是:"语法是语言结构及词和词组等语言单位组成语言句子的方式的描述。"由此可见,语法不仅是语言的重要组成部分,而且是组织语言的基本规范,更是语言行文成篇的"游戏规则"。在中国，专业的外语学生在缺乏良好的英语语言环境的情况下，需要通过一套既定的标准和规则来帮助他们判断怎样的语言表达才是正确合理的，而语法就是我们使用的重要手段之一。英语翻译专业与其他方向的英语专业相比，例如英语语言文学、英语语言学及应用语言学等有所不同，翻译专业的重点在于语言的实际应用，即表达与交际，对于学生的语言运用能力方面有更高的要求。在翻译的过程中，例如英译汉，我们只有在正确理解原文的前提下才能进行翻译，这就需要借助一定的语法知识，梳理原文的整体构造，分析其中的逻辑关系，进行合理的切分，最后才能够形成流畅的译文。而在汉译英的过程中，如若译文中出现语法错误这种低级错误，无疑会大大降低译文的质量，从而给目的语读者造成理解和阅读的障碍。所以，对于翻译专业的师生来说，无论是从教学的角度，还是从研习的角度，对于语法的深入探究都在学习过程中发挥着不可忽视的作用。

（二）语法课程是高等教育的基础课程

语法课程同听力、阅读、口语、写作、基础英语等课程一样，一直以来都是全国各高校翻译专业设置的基础课程之一，也是翻译专业在基础学习阶段开展教学的重点领域。据统计，我国90%以上的高校翻译专业会选择在大一、大二的基础学习阶段安排一年或者两年的语法课程。刚走进大学校园的大一新生，刚刚经历了高三一年的"题海"式英语语法学习，对于语法的基础知识掌握比较清晰，选择在这个时候"趁热打铁"，强化并深入语法学习，其目的就是加强学生的语法功底，提高学生语言表达的准确性，培养其判断表达正误的敏感度，并且为高级阶段的翻译专业课学习打下良好的基础。

对于翻译专业的学生来说，语法这一基本功的灵活运用更显得尤为重要。英语学习中的五大技能——听、说、读、写、译，其中听、说、读、写是译的前提和基础，译则是英语实际应用的"最高境界"。语法始终"潜移默化"地影响着听、说、读、写的质量，并且与它们紧密相连。语法不过关，"译"更是成为"天方夜谭"。对于翻译专业的初学者来说，他们大都是从高中毕业直接进入大学，从来没有深入地学习过英语，最多只能是爱好英语的学生，由于没有经过专业的训练，对于语法的掌握不够系统全面，理解得也是一知半解。由此可见，无论是口译专业还是笔译专业的学生，在语法方面的刻苦钻研，一定是他们在未来职业翻译的必经之路。

二、传统语法教学存在的弊端

（一）传统语法教学模式单一

相比其他学科，语法长期以来都是被学生认为是"最乏味"的课程之一，语法课堂上往往是一片"死气沉沉"，究其根本原因，是传统的语法教学模式以教师为主、学生为辅。在课堂中，教师一般采取"照本宣科"的方法，在板书中罗列出各项语法法则，却不加以实例进行解释说明。受到教学课时的限制，部分教师会占用大部分的课堂时间对语法法则进行分析和讲解，却忽视了语法的实际应用与巩固练习，无法激发出学生的学习兴趣，导致教学效率低下，课堂教学效果不佳。在缺乏学习动力的前提下，学生只是被动地接受知识，自然不会对于课上学到的那些"条条框框"进行反思和思考，也不会自觉地在课后进行相应的系统练习，无法真正地将理论与实践相结合，在具体的语言环境中领悟英语的语法规律。这使得学生的语法学习逐渐演变成了一个"走马观花"的过程，语法对于学生来说也只是"印象"，而并没有形成一个完整的知识体系。

（二）师生之间缺乏教学交流

在传统的教学模式中，课堂以教师为中心，教师决定着教学内容、教学方法和课后作业等。大学与中学不同，中学教师可以通过阶段性的测试来掌握学生对知识的掌握情况，从而有针对性地进行及时调整。但是，大学教师往往不能做到对每一个学生的学习情况和学习能力进行实时跟进，而学生也不愿主动表达自己的想法和建议，这就造成了教师的"教"与学生的"学"之间的"断层"。教师所选定的教学材料的难易程度无法保证与学生的实际水平相吻合，教学方法也很难做到因材施教。所以，这种"教师只管讲，学生只管听"的接近"零互动"的上课方式，是不利于学生的语法学习的。

此外，在学生课后学习反馈方面，传统的教学方式更加凸显了师生之间缺乏教学交流的弊端。传统的教学通常采用面对面的讲授方式，大部分学生在课堂上尚不能做到积极配合，反馈学习成果，课后的反馈也是少之又少。另外，在没有互联网的便利条件下，教师对于学生作业的检查、批改及整理等都不能在第一时间反馈给每一位学生。这种时间差长期存在，势必会导致教学效果不佳，因此也会在不同程度上影响其至减少学生的知识摄入量。然而,语法知识的学习恰恰是一个从量的积累到质的飞跃的过程,所以仅仅依靠课堂上的语法知识讲解是远远不够的,课后巩固训练也是语法教学的重要组成部分。学生需要通过不断的练习,熟练掌握语法知识,在错误中不断反思,逐渐通过语法知识掌握语言结构,从而为翻译打下坚实的基础。而教师需要从学生的错误中,不断调整自己的教学计划及教学方向,找到最有利于学生语法学习的教学方法。所以传统的教学方式已无法满足当今语法课程的预期教学目标。

三、网络环境下语法教学的优势

如今,网络发展的迅猛之势,已经影响着我们生活的方方面面,那么教育也要与时俱进。网络教学势必会影响到未来教育的发展方向。网络教学与传统教学模式相比有着独一无二的优势,可以弥补传统教学的一些缺陷,从而可以提高教学效率。

(一)丰富教学资源和教学内容

语法是语言构成的语言规律,虽然有理可循,但是并不是一成不变的,它同样也会随着语言的不断发展而不断改进。在互联网时代之前,语法教学内容多来源于书本,而书本上知识的更新换代速度与网络是无法比拟的,这使得学生的学习内容变得十分有限,学生也容易受到一家之言的束缚,无法做到与时俱进。网络资源取之不尽、用之不竭,网络资源的广泛性和时效性恰恰可以解决这一问题,它可以帮助学生获得大量来自国内外的教学资源,让学生了解到更加全面的语法知识,这样学生可以通过自学的方式填补很多教学空白。同样,教师的授课也可以不拘泥于课本,通过网络可以查阅或下载更多适合学生的语法资料,以此丰富教师的教学内容,积累更多的教学资源,提升自身的教学水平。与此同时,教师可以通过网络资源不断地充实自己的语法专业知识,不断更新自己的知识储备,这样才能够更好地指导学生的语法学习,推动高等教育实现良性发展。

(二)增强教师与学生之间的互动性

语法课程从本质上来说是一门技能训练和实践课,熟能生巧是提高语法能力的"必经之路"。学生需要进行大量的语法技能强化训练,才能达到加强语法知识的效果。在传统的教学模式下,学生认为语法的"条条框框"甚是乏味无趣,对语法的反复练习更是有抵触情绪,这无疑对于学生的语法学习是十分不利的。因此,教师应借助以多媒体和网络为支撑的教学平台,综合运用各种多媒体软件,将原本刻板僵化的语法规则转化为符合教学内容的图片、幻灯片、动画或视频等形式,使用一种更加生动、立体的形式授课,拉近与学生之间的距离,提高学生的学习兴趣,增加课堂的互动,调动学生的积极性,从而提高课堂教学效率。

多媒体网络教学打破了传统的英语课堂教学模式的时空界限,构建了一个无限开放的教学空间,不仅改变了授课方式而且实现了远程教学。网络的广泛使用已经将教学搬出了课堂,使教学不再受限于面对面的教学方式,教师完全可以随时了解学生的学习情况,对学生的课后作业及时批改反馈,而学生也可以通过网络及时向教师请教或者提出建议。可见,网络教学方式大大提高了教学效率。

(三)培养学生的自主学习与独立思考的能力

自主学习强调的是学生要自主、自愿、自动地学习,它与传统教学中学生被动地接受知识有着本质的差异。网络环境下的语法自主学习,就是学生利用网络资源了解和掌握更多的语法理论知识,通过最新的练习来巩固自己学习成果。雄厚的网络资源对于学生的自主学习来说,可谓是"如虎添翼",可以提供给学生更多在课堂上学不到的知识。

多媒体网络教学有助于学生的个性化学习,培养学生的自主学习能力。网络使学生可以在任何地点、任何时间借助网络教学视频、网络资源、课件等进行自主学习。学习的时间可长可短,由学生自己灵活掌握;学生还可根据自身的能力水平和实际情况自主选择不同级别和层次的语法学习资料,在学习时可有所侧重,查缺补漏,进行重点练习,从而使自己的语法知识更加完善。

多媒体网络教学也有助于培养学生独立思考的能力。网络虽然有资源优势,但也存在弊端。网络资源可谓一应俱全,但却纷繁复杂。在这一过程中,虽然学生可以最大限度地发挥自己的主观能动性,但是在庞杂的网络资源中,学生需辨别出适合自己的学习资料。这一筛选信息资源的过程,对于学生的语法学习来说也至关重要。当学生遇到问题时,可以通过查找网上的资料来解决,但学生需要学会分辨网上资源的可靠性,需经过仔细对比研究之后,做出判断找到正确答案。因此,网络教学也为学生提供了培养自己独立思考能力的机会。这一能力的培养,不仅有助于学生的语法学习,而且让学生在日后的学习和工作中有所受益。

　　语法教学一直都是翻译专业教学计划的重中之重。传统的语法教学重视语法知识的学习，忽视语法能力的培养，这是学生语法能力不足的重要原因。网络和多媒体为高校翻译专业语法课程注入了新的活力，给语法教学的改革和发展带来了新的机遇。网络环境下的语法教学，充分发挥了网络和多媒体的优势，创建更加立体形象的语言环境，鼓励学生自主学习，加强师生互动，这都有助于学生更好地掌握语法知识。但是网络环境下的语法教学仍然处于初步发展阶段，虽然它为学生提供了许多课堂教学无法给予的便利条件，但是它也存在着一些弊端和缺点，需要我们不断地改进和完善。

第五节　多媒体网络平台下的英语本科翻译教学

　　随着经济的快速发展和改革开放的不断深入，中国与世界各国在政治、经济、文化等领域的交流与日俱增。在这种形势下，社会对翻译人才尤其是高端翻译人才的需求量越来越大。这给高校翻译教学带来机遇的同时也带来了前所未有的挑战，如何为社会培养优质的翻译人才成为高校翻译教学中必须考虑的问题。

　　传统翻译教学能否满足上述需求？事实证明答案是否定的。传统翻译教学以教师为中心，教师是教学主体。这种模式的操作流程是：教师讲解翻译技巧与翻译理论，布置相关的翻译练习，让学生通过反复练习强化巩固翻译技巧，然后教师逐个批改学生的译文并讲评，最后给出参考译文，即所谓的标准答案。这是典型的知识传授型的教学方法，也是目前国内很多高校仍然采用的方法。这种方法的弊端在于过分强调教师"教"的作用，难以发挥学生的主观能动性，学生的创新性意识得不到激活。教师给定标准答案容易将学生的思维框定在某个范围内，容易使学生失去学习动力和自信心，总是感觉自己语言水平不够，而过分依赖参考译文，最终影响学习效果。随着对传统翻译教学弊端的反思，关于翻译教学模式的探讨也越来越深入。翻译界提出了以建构主义学习理论为指导的交互式翻译教学模式。这种理论强调个体从自身经验出发对客观事物进行主观理解和意义构建，倡导教师指导下的以学生为中心的学习。换言之，强调学生的主动建构，反对知识的被动接受，认为翻译过程是学生以自己的已有经验为基础构建知识的过程。在这个过程中教师起指导作用,而传统的翻译教学模式违背了这一目标。因此,目前国内各高校的翻译教学,尤其是独立学院的翻译教学迫切需要一种有效的教学模式来指导英语专业的翻译教学。

一、英语本科翻译教学及相关研究

传统的英语本科翻译教学以教室为主要教学场所,教师主要通过"黑板+粉笔"的方法授课。然而,翻译课的内容多,信息量大,上述方法并不能取得较好的教学效果。二十一世纪是网络时代,在互联网技术快速发展的大背景下,多媒体网络教学应运而生。相关研究表明,多媒体网络教学能有效改进语言教学方法和教学效果。网络在翻译教学和学习中的作用举足轻重、不容忽视。

国外在这方面的研究比国内起步早。1980年哈伯尔、罗梭斯等就发表过探讨计算机与语言教学关系的文章。美国的隆巴多和巴特森在这一时期开始尝试交互电子网络在写作课上的应用。巴特森认为教师不应该成为学生注意力的焦点,教师站在讲台上未必会使学生学到多少东西。他们尝试了一种电子网络教学,使得师生间和学生间的交流可以通过局域网来实现。此次多媒体网络在写作教学中的应用是一次大胆的尝试,也为探索翻译教学新模式提供可借鉴的经验。多媒体网络辅助的翻译教学模式与传统教学模式相比有更多的优势。多媒体网络教学模式将翻译教学的场所从单一的传统课堂转变为网络虚拟课堂和现实课堂相结合的课堂,有利于克服教学学时有限以及学生课堂讨论有限的缺点,特别是教师能够以参与者和监督者的双重身份介入学生的学习过程,克服传统翻译教学中仅仅以教师为中心的缺点。汉默尔指出了计算机辅助教学的作用:设计语言教学活动的素材;作为参考工具供学生查阅;学生可以运用网络通过电子邮件、论坛与其他学生交流。马克认为计算机辅助教学的发展经历了三个阶段:第一阶段为结构主义计算机辅助语言教学,主要强调语言技能的重复,计算机乐此不疲地为语言学生及时提供信息反馈;第二阶段为交际式计算机辅助语言教学,在这个阶段,语言、学习和语言学习的理论主要集中在认知的角度;第三阶段为综合性计算机辅助语言教学,计算机和网络使学生接触听、说、读、写、译的各种材料。电脑在语言的教授过程中运用了多样的模式,例如音频、视频和真实的图片来辅助学习过程,这样使语言的学习变得生动有趣。20世纪90年代以来,局域网和互联网开始对语言教学的各方面产生重要影响,一系列研究随之展开。沃勒、杰普森等的研究强调在线环境中的同步或非同步交际的重要性,例如聊天室或论坛里同步进行的教学活动或互联网社会情境下通过电子邮件进行的非同步互动。赫拉、马里罗等的研究强调基于网络环境进行的语言教学活动的优势。有的学者也挖掘出网络协同的潜在好处。例如,史密斯介绍了相关的课堂实践和教学的哲学基础;克恩通过社会构建哲学研究语言学习。这些研究在将计算机技术应用到语言教学方面发挥着重要的作用。

在国内,计算机辅助语言教学研究也取得了可喜的成就。从理论上来讲,建构主义学习理论是发展网络化多媒体英语教学的理论基石。建构主义学习理论强调以学生为中心的主动学习。研究表明,该理论对教师和研究人员设计多媒体网络英语教学模式有很强的指导作用。近年来,很多教师致力于将信息技术和英语教学结合起来。倪传斌和刘治将基于语料库的数据驱动技术引入到科技翻译教学中。他们指出"语料库数据驱动技术对科技翻译的教学产生了深远的影响",一方面可以改变教师的翻译教学观,提高科技翻译教学的针对性和有效性;另一方面学生可以迅速掌握目的语中语言项目运用的整体概貌,为学生选择译语表达手段提供量化、等级概念,为学生提供真实的语料。陈祯指出,网络环境下的翻译教学应以多媒体和网络技术为平台,有效地利用网络技术呈现教学信息、组织教学,便于提供个性化指导和翻译的真实环境,避免网络在语言教学中的不利因素。杜鹃和孙晓朝指出翻译教学课程BBS在学生的自我效能信念、有关翻译学习的信念和自主学习信念三个方面都起到了积极作用。刘泽权和刘鼎甲发表题为"多媒体计算机技术与语料库方法运用于翻译教学改革的尝试",指出多媒体和语料库整合之后的翻译教学,不但可以使学生认识到自己的水平,汲取经验,扩大知识面,丰富语言表达,而且使翻译课程内容富于时代性、趣味性和真实性。

二、多媒体网络平台下英语本科翻译教学模式建构

建构主义学习理论是认知理论的一种。最早由瑞士儿童心理学家皮亚杰提出。经过研究,他认为儿童自身知识的习得是儿童在与周围社会环境相互作用的过程中逐步建构的。在皮亚杰理论的基础上,维果茨基进行了更深入的研究。维果茨基进一步强调社会文化环境对个体认知发展的影响。他认为社会语言和社会交际对高级认知的发展产生重要作用。他认为学习并不是简单地由外向内灌输信息,而是学生新旧知识的交互过程,也就是学生和学习环境之间的交互。现代建构主义学习理论正是由维果茨基认知理论发展而来的。现代建构主义学习理论认为学习环境包含四大要素:"情境"

"协作""会话"和"意义建构"。"情境"指学习环境中的情境必须有利于学生对所学内容的意义建构。这对英语专业本科翻译教学设计提出了新的要求。也就是说,在建构主义学习环境下,翻译教学不仅要考虑教学目标,还要考虑有利于学生意义建构的情境的创设问题,并把情境创设看作教学设计的最重要内容之一。"协作"发生在学习过程的始终。协作对学习资料的搜集与分析、假设的提出与验证、学习成果的评价直至意义的最终建构均有重要作用。"会话"是协作过程中必不可少的环节。学习小组成员之间必须通过会话商讨如何完成规定的学习任务。此外,协作学习过程也是会话过程,在此过程中,每个学生的思维成果为整个学习群体所共享,因此会话是达到意义建构的重要手段之一。"意义建构"是整个学习过程的最终目标。所要建构的意义是指事物的性质、规律以及事物之间的内在联系。在学习过程中帮助学生建构意义就是要帮助学生对当前学习内容所反映的事物的性质、规律以及该事物与其他事物之间的内在联系达到较深刻的理解。基于此理论,笔者认为多媒体网络平台下英语专业本科翻译教学的建构必须做到以下几点:

(1)转变翻译教学理念,由以教师为中心的传统翻译教学模式转变为以学生为中心的交互式翻译教学模式。传统翻译教学以"翻译是两种语言之间的转换"为理论指导,而以学生为中心的交互式教学模式是基于建构主义学习理论之上的。传统翻译教学模式下,教师首先向学生讲授一些具体的翻译技巧和翻译方法,然后布置大量的翻译练习,对学生的译文进行点评讲解,最后给出标准译文。整个教学过程具有单向性,教师一个人唱独角戏,而学生并不知道翻译到底是什么,只知道自己出现了很多表达错误,备受打击,从而对翻译失去学习兴趣。以学生为中心的交互式翻译教学模式强调学生获取知识的过程是其与外部环境交互作用的结果,不是被动接受的过程,而是在社会情境中通过协作、讨论、交流互动主动构建而成。多媒体网络为实现以学生为中心的交互式翻译教学提供了理想的平台。

(2)教学场所由单一的传统课堂转为现实教室与网络虚拟课堂相结合的课堂。在传统课堂中,由于课时有限,无论是学生之间的互动还是师生之间的互动都受到很多的限制。基于多媒体网络的课堂可以借助互联网实现最大程度的互动,进行资料搜集和分析。在这一过程中,教师可以以参与者和监督者的双重身份介入学生的学习过程。

(3)由传统的多媒体教室改为网络多媒体教室。很多人将计算机辅助教学等同于借助于计算机的教学。其实,这两者之间存在很大差别。传统的多媒体教室里,计算机不联网,每台电脑都是独立的个体,彼此之间不存在任何联系,很难通过计算机创设互动的情境,而网络多媒体教室可以充分发挥局域网的作用,可以实现学生之间以及师生之间最大程度的互动。

在建构主义学习理论基础上提出的借助多媒体网络平台的英语专业本科翻译教学改革突破了传统翻译教学的局限。它力求为师生创造一种最有利的教学情境，突出了学生的主体作用，最大程度地激发了学生的学习积极性，培养了学生的学习兴趣和自信心，强调教学之间的互动，力求达到最佳教学效果。

第六节 基于语料库和多媒体计算机技术的中医翻译教学

随着中国对外开放的不断深入，具有悠久历史的中医学必将在全世界得到更为深入和广泛的传播与应用。这不仅为中医学走向世界提供了一个良好的契机，也对中医翻译提出了新的要求。为了促进中医药翻译研究的不断深入，以适应中医药对外交流的需要，培养具备中医基础且英语综合能力强的人才变得日益紧迫，而对于中医英译翻译教学中的问题，需要进行进一步的研究讨论。

一、多媒体计算机辅助中医英译教学的理论依据

计算机技术飞速发展和多媒体信息系统的逐步完善，使得越来越多的高校将计算机引入课堂教学。综合多媒体计算机图像、文本、声音、影像、网络、虚拟化等技术的多媒体计算机辅助教学（MCAI）极大地丰富了计算机辅助教学的功能并增加了教学的趣味性。本节研究的主要对象是多媒体计算机辅助翻译教学，其中也包括基于语料库的翻译教学。

多媒体计算机辅助教学是以建构主义学习理论为依据的。建构主义学习理论认为：语言学习是一个基于学生个人的经验、信仰、心理和观点之上的自我探索、知识建构和意义协作的过程，知识或认识是由人人建构的介于主观和客观之间的东西，只能存在于学生的头脑中，它主张学习是一个解决问题的高级思维过程。多媒体网络教

学系统所提供的学习环境与建构主义理论所主张的学习环境一致,因此建构主义学习理论可以为多媒体教学提供较好的理论基础。

建构主义学习理论认为知识的掌握是一个过程,学生在面对复杂问题或任务时,需要自己去发现、掌握完成任务所需要的基本知识和技能。建构主义特别强调合作学习的重要性,且学生在建构知识的过程中,特别是一些关键时刻尤其需要教师的帮助和指引。以过程为取向的翻译过程符合建构主义学习理论的要求,如教师在给学生布置翻译作业或任务的时候,注重引导学生关注翻译过程,帮助学生了解在解决翻译困难的过程中可以使用哪些手段和方法。

二、基于多媒体及虚拟现实技术的课题研究模式

教师在课件制作过程,提供有关本课内容的中医英语学习网站,充分利用网络资源,使学生有足够的语言氛围的"浸入"。并利用课前五分钟让学生以多媒体展示的方式表达自己对本课内容的了解,之后按以下步骤来实施课堂教学:

(一)中医翻译课程的课堂讲评课件的制作

教师在网络资源的获取过程中应该起到过滤网的作用,认真筛选相关资料,将有价值的资源进行有序排列或者整合在教学过程中,充分运用多媒体"声、文、图"相结合的特点,从课文导入开始,通过网络下载、网络学习平台等形式提供中医基础理论与翻译理论,充分调动学生的多种感官,加强互动交流,创造真实感,激发学生兴趣,帮助学生尽快理解理论基础。

建构主义认为,知识的建构受时间、空间和环境的影响,学习过程以经历情景的形式为标志。学生在学习知识过程中会带有一定的情感,这种情感的投入与学习该学科知识过程中所获得的体验密切相关。积极的体验会使学生不断产生浓厚的兴趣和需要,对学习表现出极大的热情,并从中获得兴奋和快乐。这种热情和快乐又会转化成动力,激励学生更积极、更勤奋地学习和探索,从而又获得对新知识的体验。因此,翻译训练材料应侧重于专业性、实用性、时代性较强的文章,并突出学生中医学科领域的特长。

（二）中医翻译课程的课堂讲评与基于网络的作业的收发

对于中医翻译课程的课堂讲评，有学者提倡语料库驱动的发现学习法。发现学习法鼓励学生依据从合适的语料库中搜索出的词条解决教师提出的问题。发现学习法是以学生为中心的、开放式的教学方法，认为语言的运用没有绝对的对错标准，鼓励学生尝试自主学习。但是，教师在引导学生发掘信息来源时，首先要向学生提供相应的网站和信息搜集方法，指导学生收集所需要的相关专业知识信息，然后在广泛收集信息的基础上学习处理和利用这些信息。专业知识信息处理模式旨在培养学生的创造力、创新意识及信息的处理能力。

对于学生作业的讲评，教师可利用多媒体将译文集中呈现在全体学生面前，结合本课重点进行直观的对比分析，让学生在比较中互相学习、共同进步。教师在整个课程中应该处于主导地位，辅助并使学生理解功能语言学的理论以及其作为翻译评价工具的应用方式，从而达到多媒体教学材料与理论结合的目的。没有教师的案例剖析，即什么情况用何种翻译策略，是不能达到学生掌握理论并将理论用于实践的教学目的的。

学生通过电子邮件提交课堂作业可以大大缩短作业的提交时间，且形成的文件为电子文档，可以直接进行编辑和后期整理。虽然课上学生与教师交流互动的时间十分有限，但是可以利用先进的网络通信工具来进行课后的交流和答疑解惑。

（三）基于学生作业与试卷的中医英译平行语料库的建立和检索

为了方便对学生作业及试卷进行分析，发现学生译文中普遍存在的问题，掌握学生的翻译行为习惯，检查教学效果，对学生作业进行数据分析和学生语料库的建立和检索是非常必要的。对学生试卷进行数据分析，可以在有限的时间里面，了解学生使用的哪些词汇复杂程度高（平均词长的数值大小）、词汇量丰富（类符形符比的数值大小）、译文复杂程度高（句子数、句长标准差的数值大小）、译文风格前后差异大。通过这些数据，我们可以全面考量学生在实际翻译情形中的个人能力及知识水平的发挥程度，考查每个学生词汇量的大小和翻译能力的高低。

（四）学生作业的整理和课堂的集中讲评

利用多媒体设备可以将尽可能多的语料显示在屏幕上，可以让学生更广泛地比较可供选择的翻译方法和结果，使他们互相学习、共同进步。笔者在翻译教学研究中发现，对学生作业进行收集、整理和分析，建立中医英译汉英语料库，可以比较学生译本的差异及共性。宏观上可以发现学生译文的规律性表现；微观上也可以将学生译文定位到语篇内部的用词、衔接等，找出学生译本中存在的不足。

对于学生在试卷中的表现也可通过对语料库的统计分析来发现学生翻译能力及水平的差异，从而及时调整教学策略。对于学生的翻译试题答案，可以利用Windows自带的txt记事本功能，将每一行作为一个答案录入计算机，并将题号与答案内容用制表符隔开以便计算机读取。然后，按照学生的姓名拼音排序，组建成用于教学研究的小型学生语料库。在借鉴语料库语言学定性、定量相结合的研究方法的基础上，学生语料库研究已形成了基于语料、面向统计、以实证为核心的研究模式。该模式既可进行大规模的计算机辅助错误分析，又可利用不同学生语料库之间的比较进行中介语对比分析，以定量的方式反映学生对目的语某些形式和功能使用的状况，多维度地揭示中介语的完整特征。

（五）教师监督

教师可根据不同课程、不同学生的不同要求，设计出不同的话题或课题，制作课件，并充分利用网络和先进的多媒体设备，给学生演示并讲解，让学生就某些相关话题做出自己的课题报告。

教师要充分肯定课堂表现出色的学习小组及个人，鼓励学生课后根据各自的兴趣，利用网络等方式搜寻与本课内容相关的翻译材料，并在同学间相互交流，互查作业完成情况，写出评语并签名。教师随时抽查学生的作业完成情况，指导学生认真选材，积极进行课后的翻译实践。同时，教学活动结束后教师也需要对学生的自主性、课余活动及学习情况进行专项调查。

网络技术为学生的自主学习、个性化学习提供了极为有利的环境和条件，但在强调学生作为学习主体的理念和形式下，我们应如何充分发挥教师在网络环境下的教学主导作用，教师应如何充分应用网络、校园内外的资源，调动学生的学习积极性，引导学生有效地获取知识和技能已成为网络技术和学科课程结合的一个重要内容。同时学生语料库的建设费时、耗力，周期较长，且学生语料库研究只能描述学生的语言输出能力，不能深入考查学生的语言接受能力。此外，尽管学生语料库为语言习得研究提供了大量、丰富的证据，但它仅适合于研究语料库中出现的项目，而对于语料库中未出现的项目却无能为力。对于这类语言项目习得情况的研究，实验法显得更为有效。

因此，对于学生语言研究来说，最恰当的方法是将语料库分析和实验方法有机地结合起来。

基于互联网的多媒体网络技术和中医翻译教学的有机结合不但有利于给已有一定英语基础和医学基础的学生提供宽广的、有弹性的且极具创意的学习空间，而且有利于促进教学内容、教学方法、教学模式的转变和教学质量的提高。在教学中，教师应针对中医翻译教学的特点，充分利用多媒体网络技术，开拓创新，努力探索符合学生认知规律的有效教学模式和教学方法，同时在坚持以学生为中心的基础上充分发挥教师组织者、协调者和引导者的作用。

参考文献

[1]邓俊叶，王琳.基于语块理论的大学英语翻译教学模式的构建[J].常州信息职业技术学院学报，2017（1）：53-56.

[2]尹来莹.生态翻译学视角下的大学英语翻译教学探析[J].金融理论与教学，2020（3）：116-118.

[3]王春燕.基于建构主义理论的翻译教学模式改革与实践[J].普洱学院学报，2015（6）：115-117.

[4]刘晓民，刘金龙.大学英语翻译教学：问题与对策[J].山东外语教学，2013（5）：69-73.

[5]肖丽.母语负迁移在英语翻译教育实践中存在的现象及解决策略[J].内蒙古师范大学学报(教育科学版)，2016，29（9）：130-132.

[6]肖乐.试论旅游英语翻译中的创造性[J].外国语文，2011，27（4）：93-97.

[7]高梅.项目课程模式下商务英语翻译教学改革[J].价值工程，2016(31)：144-146.

[8]陶冉冉.大学英语翻译教学存在的问题及对策[J].吕梁教育学院学报，2016（3）：67-68.

[9]曹野."互联网+"背景下医学英语评注式翻译教学模式的构建[J].中国医学教育技术，2018（1）：66-69.

[10]黄旦华."互联网+"背景下大学英语翻译教学模式创新研究[J].教育理论与实践，2017（15）：53-54.

[11]杜开群.关于高校英语语言学教学问题及对策分析[J].山东农业工程学院学报，2017（2）：5-6.

[12]王黎蕊，黄毅.高校英语教学中模糊语言学的语用意义探讨[J].祖国，2017（10）：53.

[13]朱先明，王彬.体育新闻标题翻译中的译者主体性探析——以隐喻翻译为中心的考察[J].淮北师范大学学报（哲学社会科学版），2016（5）：79-82.

[14]杨飞."ESP"理论视角下的大型国际赛事体育英语翻译现状分析[J].成都体育学院学报，2015，41（3）：64-67.

[15]李淑康，李克.英语体育新闻语篇翻译的转喻现象探析[J].厦门理工学院学报，

2011（4）：94-98.

[16]刘建芳.浅谈中西文化差异对英语翻译的影响[J].开封教育学院学报，2004，24（1）：58-60.

[17]刘静.浅析中西方文化差异对翻译的影响[J].长江大学学报(社会科学版)，2012（6）：105-106.

[18]赵桂华.翻译理论与技巧[M].哈尔滨：哈尔滨工业大学出版社，2003.

[19]庄绎传.英汉翻译简明教程[M].北京：外语教学与研究出版社，2002.

[20]冯伟年.最新汉英翻译实例评析[M].西安：世界图书出版西安公司，2005.

[21]陈雪松，李艳梅，刘清明.英语文学翻译教学与文化差异处理研究[M].西安：西安交通大学出版社，2017.

[22]冯庆华.文体翻译论[M].上海：上海外语教育出版社，2002.

[23]汪榕培，卢晓娟.英语词汇学教程[M].上海：上海外语教育出版社，2001.

[24]平洪，张国扬.英语习语与英美文化[M].北京：外语教学与研究出版社，2000.

[25]王令坤.英汉翻译技巧[M].上海：上海交通大学出版社，1998.

[26]陈文伯.英语成语与汉语成语[M].北京：外语教学与研究出版社，1982.

[27]冯庆华.实用翻译教程[M].上海：上海外语教育出版社，1997.

[28]廖国强. 实用英汉互译理论、技巧和实践[M]. 北京：国防工业出版社，2011.

[29]程晓堂.英语学习策略：从理论到实践[M].北京：外语教学与研究出版社，2002.

[30]吕敏敏.古诗英译中语法隐喻现象对比研究[D].江西师范大学，2015.

[31]戴冬苗.翻译补偿视角下的查良铮诗歌翻译研究[D].广东财经大学，2014.

[32]郭建军.英语格律诗的节奏汉译研究[D].西北师范大学，2013.

[33]刘金梅.翻译美学视域中许渊冲的中国古典诗词英译研究[D].广西师范大学，2011.